김창호의 너머

김창호의 **너머** 밥과 꿈이 있는 세상 이야기

초판 1쇄　발행일 2014년 2월 15일

지은이　　김창호
펴낸이　　이재교

디자인　　김상철 박상우 이정은
제작　　　신사고하이테크(주)

펴낸곳　　굿플러스커뮤니케이션즈(주)
출판등록　2013년 5월 7일 제2013-000136호
주소　　　서울시 마포구 서교동 363-15 5층
대표전화　02-6080-9858 팩스 0505-115-5245
이메일　　goodplusbook@gmail.com
홈페이지　www.goodplusbook.com
페이스북　www.facebook.com/pages/Goodplusbook

ISBN 979-11-950429-8-2 03300

김창호의 너머

밥과 꿈이 있는 세상 이야기

굿
플러스
북

평화·복지·민주주의 회복을 위한 지역자치와 진보적 자유주의를 제안합니다

2009년 초였던 것으로 기억합니다.

노무현 대통령의 〈진보의 미래〉 집필을 도와드리기 위해 매주 봉하를 찾아 1박 2일 토론을 하던 때였습니다. 토론 중간에 봉화산 대통령 길 산책에 나섰습니다. 산책에는 이병완 대통령 비서실장(현 노무현재단 이사장)과 김병준 청와대 정책실장(국민대 교수)이 합류했던 것으로 기억합니다.

산책 중에 다음 해인 2010년 있을 지자체 선거가 화제에 올랐습니다. 대통령께서 제가 작성해 드린 지자체 선거와 관련된 보고서를 미리 읽은 터라 자연스럽게 이야기가 그 방향으로 흘러갔습니다.

"제가 김해 시의원 출마할게요."

제가 드린 보고서의 요지는 이랬습니다.

중앙권력을 통해 우리 사회를 바꿔보자는 몇십 년의 개혁 세력의 정치프레임을 바꿔야 한다. 정치가 지금까지 중앙권력을 쟁취함으로써 한국사회를 바꿔보려 했지만, 지난 10년간의 경험에 비춰보면 그리 성공했다고 할 수 없다. 이제 정치는 아래로부터 우리 사회를 변화시키는 시도를 해야 한다. 지자체가 바로 그것이며, 그것은 선거에 의해 변화 가능한 공간인 만큼 적극적 대응이 필요하다. 대통령의 자치분권에 대한 강조도 결국 이 공간을 혁신하지 않으면 한국 사회의 근본적 변화가 불가능하다는 인식에서 출발한 것이다. 참여정부에서 일했던 장차관은 적어도 5백명 정도 될 것이다. 이들을 내년 지자체 선거에 모두 기초에 출마시켜 아래로부터의 혁신을 주도하자.

이 내용을 들은 노 대통령께서는 아무런 말씀이 없었습니다. 산책 중에도 이런저런 얘기만 했지 이에 대해 코멘트를 내놓지 않았습니다. 대통령께서도 중앙정치의 한계를 절감하면서 결국 '깨어 있는 시민들의 조직화된 힘'을 말씀하신 만큼, 아래로부터의 조직화·세력화를 해내지 않고서는 언론·법조·교육·종교·관료·기업 등 제도화된 기득권 카르텔을 혁신하기가 쉽지 않다는 것을 인식하고 있었습니다.
산책 중 갑자기 저에게 진한 경남 사투리로 물었습니다.

"그거 되겠습니까?"
"대통령께서 앞장서시면 될 겁니다."

그리고 또 침묵이 흘렀습니다. 생각을 할 때 대통령 특유의 태도가 있습니다. 길을 걷고 있으면서도 하늘을 쳐다보고 눈을 깜박이는 것입니다. 제가 겪은 대통령은 복잡한 생각을 정리하며 생각할 때 꼭 이런 태도를 보였습니다. 그리고 산을 내려와 막걸리를 놓고 식사를 하는 자리에서 대통령께서 말문을 열었습니다.

"제가 김해 시의원 출마할게요."

모두가 어안이 벙벙해 침묵을 지켰습니다. 이병완 실장이 그 침묵을 깼습니다.

"저는 광주 구의원에 출마하겠습니다."

그 말을 들은 대통령께서 "너무 과격한 거 아닙니까? 실장님 약속 지키십니다"라며, 못을 박아 버렸습니다. 결국 이병완 실장은 이후에 광주시 기초의원에 출마했고 구의원에 당선되어 약속을 지켰습니다. 정작 그것을 제안한 저는 이런저런 이유로 대통령과의 약속을 지키지 못했습니다. 약속을 끝까지 지키신 이병완 실장께 오로지 죄송할 뿐입니다.

성년을 맞은 지방자치제, 그러나 자치와 분권은 부족합니다.

지방자치가 20년을 맞이했습니다. 하지만 지방자치가 제대로 운영되고 있다고 볼 수 없습니다. 20여년 전 김대중 대통령께서 단식을 통해 지방자치를 얻어냈고, 노무현 대통령께서 분권과 균형발전을 통해 지방자치를 심화하려 했습니다. 그럼에도 성년을 맞은 지방자치는 여전히 성공했다고 보기 어렵습니다.

이유는 크게 두 가지입니다. 하나는 분권이 불충분하게 진행되고 있다는 것입니다. 중앙정부 중심의 의사결정구조는 그대로 유지되고 있으며 지방정부는 여전히 그에 예속되어 있습니다. 자치경찰, 자치교육, 자치복지는 아직 제대로 시작도 못 하고 있습니다. 예산과 입법의 자율권이 논의되고 있지만, 아직 실현되기 어려운 실정입니다.

둘째, 더 심각한 것은 자치의 부재라는 것입니다. 기초의회와 도의회를 선출로 구성하지만, 이들 의회 또한 대의적 성격만 지닐 뿐 자치의 기능은 전혀 이뤄지지 않고 있다고 봐도 무방할 것입니다. 과거보다 더 많은 시민이 자신의 생활과 관련된 사안의 결정 과정에 참여하고자 하는 요구들이 증대하고 있음에도 기존의 의회제도가 이들 자치의 요구를 제대로 수용해내지 못하고 있습니다.

특히 '자치의 부재'는 한국사회 발전단계에 비춰 매우 중요한 의미가 있습니다. 김대중·노무현 대통령께서도 한국사회 발전전략에서 자치가 중요한 의미를 지닌다고 판단했을 것으로 보입니다. 자치가 강화되지 않으면 현 단계 한국사회의 발전은 더 이상 그려내기 어렵다는 것입니다.

자치는 기본적으로 공동체를 전제합니다. 평화·복지·인권·공존·생태와 같은 공동체적 가치를 담는 단위가 작동하는 가운데 자치가 이뤄지는 것입니다. 이런 공동체가 전제되지 않은 자치는 자칫 무정부적 참여와 '만인에 대한 만인의 투쟁'을 일으키게 될 것입니다. 그래서 자치는 곧 '자치 공동체'를 의미하기도 하는 것입니다.

'국가 vs 시장' 이분법을 넘어서는 자치공동체가 희망입니다

저는 우리 사회의 발전전략과 관련해 이 '자치공동체'를 주목하고 있습니다. 그 이유는 매우 복합적이고 중첩적입니다. 현 단계의 한국사회 위기에 대한 인식을 전제하는 것이기도 합니다. 나아가 한국 민주주의 발전과 진보의 역할과도 관계되는 것입니다.

첫째, 무엇보다 우선 기존의 국가-시장 프레임을 넘어서는 새로운 발전전략이 필요하다는 것입니다. 우리 사회는 약 50년간 국가의 강제력 주도 아래 발전해왔습니다. 국가의 이름으로 물리력을 동원해 압축성장을 해왔고, 이를 일컬어 정치학자들은 '권위주의'라 규정합니다. 그리고 그것은 곧 시대적 한계에 봉착하게 됩니다. 민주화의 요구는 분출하기 시작했으며, 과거의 군부를 중심으로 지속되어온 권위주의 권력은 붕괴하게 됩니다. 대신 우리 사회는 시장에 권력을 넘겨주게 됩니다. 시장은 '경쟁'이라는 논리를 전가의 보도처럼 사용하면서 우리 사회의 발전을 추동할 수 있다고 몰아세웠습니다. 그러나 결과는 참담했습니다. 빈부격차는 격심해지고 사회통합은 해체되었습니다. 우리 개개인의 삶은 피폐해지고 말았습니다.

이를 요약하면 우리 개개인의 삶이 국가나 시장에 의해 '식민지화' 되었다고 할 수 있습니다. 개인이 자유로운 공동체의 일원이 되기보다 뿔뿔이 흩어져 국가와 시장에 의해 압도되는 현상을 일컫는 것입니다.

그래서 소극적 의미에서 자치공동체 복원이 강조되기도 합니다. 최소한의 자족적 공동체 형성을 통해, 국가나 시장에 의해 우리 삶이 해체되거나 식민화되는 것을 방어하자는 것입니다. 개념적으로 말하면 신자유주의에 의해 해체되거나 권위주의에 의해 지배당하는 우리 삶을 보호하는 자율적 공간을 확보하자는 것입니다.

하지만 최근 공동체에 대한 관심은 그것을 넘어 보다 적극적 의미를 지닙니다. 국가나 시장이 아닌 새로운 동력이 필요하다는 것입니다. 국가의 실패를 시장의 효율성으로 개혁할 수 있다는 주장이나 시장이 가져온 불평등을 국가의 복지정책으로 보완할 수 있다는 주장 모두가 허구였던 것이 드러났습니다. 이젠 과거의 국가-시장 이분법을 넘어서기를 요구하고 있습니다. 이런 이분법을 넘어 우리 사회의 대안적 공간으로서 자치 공동체에 대한 관심을 갖게 된 것입니다. 민주·인권·복지·공존·평화·생태 등의 가치를 기반으로 하는 자치 공동체가 작동하는 사회를 구축하지 않으면 우리 사회의 발전적 전망을 찾기 힘들다는 것입니다.

진정한 '새정치'란 '깨어있는 시민들의 조직화'로 가능합니다

둘째, 자치공동체에 대한 관심은 바로 현재 민주주의와 관련된 것입니다. 87년 이후 형식적·절차적 민주주의는 그나마 완성되었다고 판단했습니다. 그래서 '민주주의의 재민주화'나 '실질적 민주화'의 요구, 즉 이제 선거 등에 의한 절차적 민주주의는 실현된 만큼 사회경제적 요구를 담은 민주화, 이를 우리 생활상의 문제와 결합한 민주화를 추진해야 한다는 요구로 집약되고 있습니다.

자치공동체는 바로 생활상의 요구를 민주적으로 수렴하고 해결하는 매커니즘으로 간주되었습니다. 민주주의를 한 단계 더 심화시키는 사회적 공간, 즉 민주주의를 우리 삶으로까지 확장하는 '민주주의의 재민주화'라고 개념화하기도 합니다.

그러나 안타깝게도 지금 대한민국에서는 형식적 민주화마저 허망하게 무너지고 있습니다. 지난 대선의 부정선거 의혹으로 최소한의 절차적 민주주의도 이젠 더 이상 장담할 수 없게 되었습니다. 민주주의를 우리 생활상의 요구로 확장하기는커녕 최소한의 민주주의마저 기득권 카르텔에 의해 위협받고 있습니다.

어떻게 민주주의 퇴행을 막고 실질적 민주주의를 실현할 수 있을까? 이는 권력구조 개편과 같은 정치권의 논의로만 해결할 수 없는 문제입니다. 정치권력 배분 문제, 즉 대통령제나 내각제 따위로는 문제의 본질에 다가갈 수 없습니다. 또 정당을 만들고 폐기하는 일을 반복한다고 해서 해결되는 것이 아니라는 것도 경험했습니다. 최근 '새정치'를 의제화한 정당 추진 세력들도 결코 이 문제에 다가가지 못하고 있습니다.

노무현 대통령께서는 이 고민을 해결할 수 있는 주체를 '깨어있는 시민들의 조직화된 힘'으로 규정했습니다. 그것이 어떤 사회적 실체를 의미하는 것인지 규정하기 전에 서거하셨지만, 권위주의 시절 국가 중심으로 구축된 동원단체나 이익을 공유하는 이익단체들을 넘어 진보적 의제를 담고 추구할 시민들의 조직화가 이뤄지지 않고서는 어떤 민주주의의 진전도 불가능하다는 인식을 표현한 것입니다.

저는 이것이 바로 '자치공동체'라 생각합니다. 그 구체적 형태는 다양할 수 있습니다. 협동조합·사회적 기업·마을 기업 등 모두 자치공동체의 한 형태들이라 할 수 있습니다. 복지·교육 영역에서도 새로운 형태의 자치를 기본원리로 하는 공동체 단위를 만들어 갈 수 있을 것으로 보입니다. 어떤 형태와 어떤 영역에서든, 진보적 의제를 담아 시민들에 의해 자발적으로 만들어지고 운영되는 자치공동체가 퇴행하는 민주주의를 지켜낼 수 있는 새로운 진보 운동이라는 것이 저의 신념이고 이 책의 주제입니다.

'자유주의'의 지적재산권, 진보가 되찾아 와야 할 때입니다

자치공동체와 더불어 지금의 한국사회에 관한 중요한 논의 주제를 한가지 더 제안합니다. '진보적 자유주의'에 관한 것입니다. 정치철학에선 87년 이후 형성된 시민정치세력의 이념을 이렇게 규정한 바 있습니다만, 최근 SNS를 통해 그 지형이 확장되고 있습니다.

제가 '진보적 자유주의'에 주목하는 이유는 자유주의의 지적재산권을 진보가 되찾아와야 한다는 판단 때문입니다. '반공자유주의'나 '시장자유주의'로 왜곡된 자유주의 전통을 진보의 의미로 올곧게 재해석하는 '자유주의의 진보적 복권'이 반드시 필요하다는 생각입니다.

자유를 협소하게 해석하면 '남으로부터 어떤 간섭을 받지 않는 개인의 자유'로 규정해 경쟁과 약육강식을 정당화하는 논리로 동원하기 쉽습니다. 이때 '진보'는 자유로부터 야기된 차별을 보완하는 역할에 머무르게 될 것입니다. 그러나 이것은 절충에 불과합니다.

저는 자유를 더 넓게 해석해야 한다고 생각합니다. 역사적으로 보면 자유주의에는 개인의 자유는 물론 공존·평화·인권·민주·생태 등과 같은 진보적 가치를 내재적으로 뜻을 내포하고 있었습니다. 반공자유주의나 시장자유주의를 넘어 자유주의에 내재한 이런 '진보적 가치'의 복권을 통해 진정한 자유주의의 실현을 추구하고자 하는 것입니다. 이렇게 본다면 진보적 자유주의는 자치 기반의 공동체의 가치를 표현하는 것이기도 합니다. 폭압적이거나 이익기반의 공동체가 아니라 진보적 자유주의에 기반을 둔 공동체 구축을 통해 민주주의의 위기를 넘어 우리 사회의 새로운 대안 주체를 찾고자 하는 것입니다.

미래에 대한 고민을 담아 재정리한 책입니다

이 책은 새로 집필할 것이 아닙니다. 제가 이미 출간한 책들과 블로그에 올린 글들을 몇 개의 주제로 재편집하고 다듬은 것입니다. 독자들에게 새로운 내용과 생각을 내놓는 것이 도리일 것입니다. 그러나 지난 몇 년간 저의 생각을 지배해온 문제의식들이 크게 변화하지 않은 상황에서 그 생각을 잘 정리해내는 것도 중요하다고 생각했습니다. 이미 제 책이나 블로그에서 제 글을 접해본 분들도 계시겠지만, 이 문제들은 여전히 현재진행형인 만큼 좀 더 명료하게 정리해보는 것도 의미 있는 일이라 생각합니다. 또 일반적으로 정치인들에게 기대하는 책과는 사뭇 다르다고 생각하실 것입니다. 주로 자신의 정치적 성과나 이력, 그리고 정책제안 중심으로 구성된 정치인들의 책들과 달리, 주로 정치철학적 관점에 기초해 현실정치를 비판하거나 대안을 제시하고 있습니다.

저는 오랜 세월 기존 정당에 몸을 담은 정치인이나 국회의원 같은 '직업으로서 정치인'의 길을 걸어온 사람은 아닙니다. 그래서 아직 정치적 성과물을 가득 담은 책을 독자들 앞에 내놓을 수는 없습니다. 그러나 그동안 대학교수, 일간신문의 학술전문기자 겸 논설위원, 그리고 국정홍보처장이란 공직자 등을 두루 거치면서 누구보다 치열하게 한국사회와 만나고 부딪치고 한국사회의 미래와 발전을 위해 고민해왔습니다. 이 책은 학자로서, 전직 언론인으로서, 또한 국정운영에 참여했던 공직자로서 한국사회와 민주주의 그리고 진보의 정책적 대안과 미래에 대한 저의 고민을 담아 정리한 책입니다. 비록 부족한 경험과 글이기는 하지만, 저의 고민과 제안이 독자들에게 공감을 얻을 수

있다면 감사한 일이 아닐 수 없습니다. 감히 독자들의 관심과 질책을
부탁하고자 합니다.

2014년 봄을 기다리며
김창호

시민이 이끄는 공동체가
민주주의의 미래다

　김창호 위원장은 제가 참여정부 청와대에 있을 때 함께 일한 경험이 있습니다. 공직자이자 학계와 언론계를 넘나드는 전문가로서 남다른 철학과 식견을 국정 전반에 접목하고자 부단히 고민하고 노력하던 모습이 생생합니다.

　노무현 대통령께서 서거 직전까지 몰두하셨던 〈진보의 미래〉를 집필하는 과정에서도 김창호 위원장이 곁에서 함께 고민을 나누곤 하였습니다.

　김창호 위원장의 담론집 〈너머〉에는 이런 그의 고민과 성찰이 담겨 있습니다.

　'국가와 시장의 이분법을 넘어서서 자치공동체를 복원하자'.

　'인권·복지·공존·평화·생태 등 가치를 기반으로 하는 자치공동체야말로 우리 사회 발전의 동력이다.'

　이 책의 결론이기도 합니다. 그의 오랜 성찰이 결실을 보는 것 같아 반갑기도 합니다.

　아래로부터 공동체를 복원해야 한다는 그의 주장에 공감합니다.

　이윤보다는 사람, 경쟁보다는 협동의 공동체적 가치가 우리의 미래입니다. 시민들이 참여하고, 협동하며, 상호 책임지는 시민공동체, 자치공동체야말로 우리 사회 미래를 위한 필수조건입니다.

그렇게 사람의 가치가 중심이 되는 자치공동체가 되면, 사람으로서 존중받고 대우받는 세상도 가능해집니다.

　노무현 대통령이 늘 말씀하셨던 '사람 사는 세상'의 모습이 그러할 것입니다. '사람이 먼저다'라는 저의 대선 캐치프레이즈도 같은 맥락이었습니다.

　정치의 혁신도 크게 다르지 않습니다. 여의도에만 있는 정치 가지고는 안됩니다. 정치가 사람들의 삶의 현장에 있어야 합니다. 시민 속에서 답을 찾고, 시민 스스로 이끄는 정치가 되어야 합니다. 그렇게 정치가 바뀌면 우리의 삶도 대한민국의 미래도 달라질 수 있습니다.

　이 책이 민주주의와 진보의 미래를 근본에서부터 되돌아보고자 하는 사람들에게 인식의 지평을 더욱 넓힐 수 있는 계기가 되기를 기대해 봅니다.

　특히 지방자치를 고민하는 사람들에게 진지한 안내서가 될 것이라 확신합니다.

국회의원 문재인

제1부

2014년 대한민국 안녕하십니까

낡은 진보·더 낡은 보수로
대한민국 희망을 만들 수 없다

낡은 다리로 미래의 강을
건널 수 없다 _ 언론에 나타난 김창호

제1부

2014 대한민국, 안녕하십니까

박근혜 대통령,
노무현 정부로부터 배우십시오

"힘이 아닌 공정한 법이 실현되는 사회, 사회적 약자에게 법이 정의로운 방패가 되어 주는 사회를 만들겠습니다."

지난 2013년 2월 박근혜 대통령의 취임사 중 일부분입니다. 원래 법과 정치는 약자를 위해 만들어진 것입니다. 약육강식의 자연상태에서 법과 정치가 정의롭게 작동하는 사회로 이행했던 것도 바로 사회적 약자들에게 같은 기회와 권리를 보장하기 위한 것이었습니다. 이런 점에서 박근혜 대통령 취임사는 당연한 말입니다.

그러나 지난 1년간 박근혜 대통령의 당연한 다짐은 우리 사회에 어떻게 실현되고 있을까요? 그리고 박근혜 대통령은 힘 없는 사회적 약자에게 얼마만큼 정의로운 방패가 되어 주었을까요?

'김해 시의원 출마하겠다'던 노무현 대통령

지난해 성탄절을 사흘 앞둔 어느 날 경찰이 민주노총 본부에 난입했습니다. 철도노조원 체포가 명목이었지만 법적 요건을 갖추어야 할 수색영장은 기각된 직후였습니다. 현행법상 체포영장으로는 특정 건물의 유리문을 깨트리면서까지 수색하는 일은 명백한 불법입니다.

공정한 법을 실현하겠다던 박근혜 정부는 현행법도 무시하고 언론 사 문을 부수고 폭력적 압수수색을 한 셈입니다. 민주노총 사무실은 법적 근거 없이 경찰에 의해 폭력적으로 짓밟혔습니다. 민주노총 설립 역사상 처음 있는 노총사무실에 대한 침탈이었습니다. 민주노총을 적대시해 온 이명박 정권에서도 없었던 폭거였습니다. 사회적 약자를 지켜주겠다던 박근혜 대통령의 '공정한 법 집행'은 문자 그대로 자신 혼자만의 생각이었을 뿐임을 보여준 사건입니다.

박 대통령식의 '공정한 법 집행'이란 이제 공안권력에 의한 폭력적 탄압임이 밝혀지고 있습니다. 국민통합은커녕 '종북몰이' 등 이념전쟁을 앞세워 국민을 굴복시키려 하고 있습니다. 국민 대통합을 약속했지만, 현재 우리 사회는 대화와 타협이 실종된 국민분열의 시대가 되어버렸습니다.

밀양에서 송전탑 건립을 반대하던 주민은 결국 생명을 잃었습니다. 대화를 거부하고 추운 겨울날 철도노조원 8,000여 명을 해고의 위기로 몰아갔습니다. 부정선거의 진실을 규명하라는 양심적 종교인의 목소리를 종북이라는 증오와 분열의 잣대로 능멸했습니다.

박근혜 대통령의 '원칙'은 '반칙'

한마디로 박근혜 정부에서 불통과 강압의 통치만 난무할 뿐 어떤 민주적 절차나 공정성도 찾아볼 수 없습니다. 말로는 원칙을 내세우지만, 대통령이 말하는 원칙이 왜 힘없는 약자에게만 적용되는지 설명이 없습니다. 오히려 대통령의 원칙이 권력의 비리와 불법을 숨겨주는 방패막이가 되고 있습니다.

국정원의 명백한 부정선거에 박근혜 대통령의 원칙은 적용되지 않습니다. 채동욱 검찰총장을 불법적으로 뒷조사한 청와대 행정관의 범죄에도 박근혜 대통령의 원칙은 찾을 수 없습니다. 마음에 들지 않는 검찰을 찍어내고, 부당한 권력의 개입으로 부정선거 수사를 방해해도 박근혜 대통령이 말한 원칙은 어디에도 찾을 수 없습니다.

박근혜 대통령의 원칙은 공정성이 사라진 '반칙'일 뿐입니다. 자신의 정치적 이익을 지키고 약자를 억압하기 위한 수단일 뿐입니다. 지금 공정하지 못한 법치, 공정하지 못한 수사, 공정하지 못한 원칙이 우리 사회를 갈등과 분열의 나라로 만들고 있습니다.

노무현 정부 '대화와 타협' vs 박근혜 정부 '불통과 강압'

역대 정부 대부분은 수많은 사회적 현안과 부딪쳐왔습니다. 국가 시책을 집행하는 과정에서 발생하는 사회적 마찰은 불가피한 측면이 있습니다. 참여정부 시절도 많은 현안이 사회문제로 비화하였습니다. 하지만 참여정부가 사회적 갈등을 해결하는 방법은 박근혜 정부가 보여주고 있는 불통과 강압의 통치와는 판이하였다고 자부합니다.

참여정부에서는 어떤 경우든 대화와 타협으로부터 협상을 시작했습니다. 때에 따라 현안을 해결하기 위한 여러 위원회를 만들었습니다. 시민이 통치와 억압의 대상이 아니라 참여와 협력의 대상이라는 인식에 따른 것이었습니다. 그러나 당시 박근혜 대통령이 소속된 한

나라당은 참여정부를 '위원회 정부'라고 비아냥대고 비판했습니다. 참여정부는 모두를 만족하게 하지는 못했지만 '대한민국은 민주공화국'이라는 헌법 정신에 충실해 사태해결의 관점을 잡아나갔습니다.

▪ 보길도 댐 증축공사의 경우

2003년 4월 전남 완도군 보길도에 150만 톤 규모의 댐 증축공사가 추진됐을 때 주민들의 강력한 저지로 공사가 중단됐습니다. 당시 청와대 민정수석이었던 문재인 의원이 현지로 급파되어 주민과 대화를 통하여 추진계획을 양보하는 중재안을 내놓았습니다. 참여정부는 주민대책위원 그리고 전문가들과 함께 '부용리 상수원댐 문제검토위원회'를 구성했습니다. 이후 검토위원회의 의견을 받아들여 댐 증축 지원예산을 대체수원 개발에 사용하도록 하는 타결을 이끌어냈습니다. 지자체가 주민의 충분한 의견수렴 없이 강행하던 사업을 정부가 나서서 평화적으로 해결한 것이었습니다.

▪ 사패산 터널 건설의 경우

2003년 12월 서울 외곽순환고속도로를 건설하는 과정에서 사패산 터널이 사회적 현안으로 떠올랐습니다. 송추 나들목과 의정부 나들목 사이에 건설하려던 세계 최장 광폭터널이 환경단체와 불교계의 반대로 2001년 11월부터 2003년 12월까지 공사가 중단되었습니다. 보수언론은 정부의 무능을 질타했지만, 참여정부는 결코 힘을 앞세워 반대 의견을 뭉개지 않았습니다.

노무현 대통령은 2003년 12월 22일 경남 합천 해인사를 찾아가 조계종 종정 법전 스님, 총무원장 법장스님을 만나면서까지 대화로 문제를 해결하고자 노력했습니다. 이후 당시 건설교통부는 환경단체의 의견을 수렴하기로 하고, 서울외곽순환도로 통과구간 4.6km 중 사패산 터널 이외의 대규모 잘린 땅 600m를 복개형 개착식 터널로 만들었습니다. 그리고 터널 위에 흙을 쌓고 나무를 심어 사패산 터널 구간 건설계획을 환경친화적 건설로 수정했습니다. 북한산국립공원 자연생태보호와 경관유지를 주장하는 의견을 참여정부가 받아들였습니다.

• **평택 미군기지 이전의 경우**

2006년 5월, 평택 미군기지 이전과 관련하여 시민단체, 대학생들과 경찰이 충돌했습니다. 국방부의 강경책에 시위규모가 커지고 부상자가 속출했습니다. 당시 국무총리였던 한명숙 의원은 5월 12일 대국민담화를 통해 "정부와 주민 모두의 인내"를 호소하고 "대화와 타협"을 통한 평화적 문제 해결을 약속했습니다. 갈등해결을 위한 현직 국무총리의 개입이 미군기지 이전을 반대하는 주민들을 공식대화의 창구로 이끌어 냈습니다. 이후 첨예하게 대립했던 시위는 소강 국면으로 접어들었습니다.

하지만 그 후에도 협상 과정에서 정부 협상단이 성난 주민들에게 둘러싸여 두 시간 동안 차 안에 갇히는 우여곡절을 겪었지만, 참여정부는 끝까지 대화를 포기하지 않았습니다. 그리고 마침내 2007년 2월 13일 정부와 대추리 주민대표 간에 이주 합의가 최종 타결되었습니다.

퇴행하는 박근혜 정부, 민주주의 다시 배워야

참여정부는 국책 사업계획 수립단계와 진행과정에서 이해당사자들의 참여와 사회적 합의를 함으로써 열린 논의 구조를 형성하려 노력했습니다. 갈등 해결을 위한 비용을 최소화하기 위해 대화와 타협, 그리고 시민참여가 가능한 논의구도를 짜기 위해 노력했습니다. 나아가 그것이 오늘날 '거버넌스' 정부 개념에 적합할 뿐 아니라 헌법 정신에 맞는 것이기 때문입니다.

이와 달리 박근혜 정부는 자기 생각만 '원칙'으로 규정하고 시민들의 생각을 무조건 강압적인 힘으로만 밀어붙이고 있습니다. 참여정부와 박근혜 정부의 사회적 갈등에 접근하는 근본적인 차이는 대화와 소통에 대한 의지와 아울러 헌법 정신을 이해의 차이에 기인하고 있습니다.

박근혜 정부는 반대 의견을 불법으로 규정한 채 폭력적인 공권력으로만 국정을 이끌어가면서 대화와 소통의 노력을 '적당한 타협'이라고 깎아내리고 있습니다. 국민의 의견을 무시한 채 국가의 의견을 일방적으로 강요하는 것은 전형적인 독재국가의 모습 그대로인 것입니다.

정부가 시행하는 국책사업 추진에 있어 국민 모두를 만족하게 하는 결과를 도출하는 일은 불가능에 가깝습니다. 그럼에도 정부는 최대한의 국민이 만족하는 결과를 만들기 위해 마지막까지 노력해야 하는 것은 당연합니다. 하지만 박근혜 정부의 이념전쟁과 공권력 중심의 '국가이익'이 결코 국민 다수를 위한 것이라 할 수 없을 것입니다. 특히 철도 민영화는 다수 이익이 아니라 특정 집단의 이익으로 귀결되었다는 것을 다른 나라 사례가 잘 보여주고 있습니다.

한 걸음 나아가 다수 이익을 옹호하는 것이 꼭 국가의 이익, 혹은 공익에 맞는 것도 아닙니다. 민주주의는 결코 다수만을 위해 제도가 아닙니다. 법과 정부를 만든 것도 바로 강자들의 약육강식이 아니라 약자들도 최소한 보호받을 수 있게 하기 위함입니다. 다수의 힘에 가려진 소수 의견을 존중할 때 성숙한 민주주의가 발현될 수 있습니다.

'헌법 1조'부터 다시 공부하십시오

박근혜 정부 1년 동안 우리 사회는 오로지 힘이 지배하는 사회가 되어버렸습니다. 성숙한 민주주의의 복원을 위해서라도 박근혜 대통령은 반대의견에 귀를 열어야 합니다. 불통으로 인한 분열과 증오의 시대는 이제 끝내야 합니다. 민주주의는 힘의 논리를 앞세운 강압이 아닌 배려를 통한 대화와 타협의 산물입니다.

박근혜 대통령은 수많은 공약을 파기하고 있습니다. 물론 국민들은 이런 약속 파기에 대해 분노하고 있습니다. 그러나 국민들이 절망하고 있는 것은 약속 파기를 넘어 국가와 정부를 바라보는 후진적 관점입니다. 공정한 법 집행을 빙자한 불법, 원칙이라는 이름으로 자행된 반칙일 뿐입니다. 지금 국민들의 눈높이에서는 이런 조치들이 불통이나 소아병적 아집으로 비칠 따름입니다.

이제 충고합니다. 박근혜 정부는 노무현 정부를 배워야 합니다. 노무현 정부가 왜 그리 어려운 정치적 여건 속에서도 대화와 타협의 정치를 추구했는지, 왜 권력기관을 중립화하면서 논의의 장에서 해결하려 했는지, 왜 많은 욕을 먹으면서도 위원회를 만들어 시민의 의견을 수렴했는지, 왜 시민들에게 무릎을 꿇었는지, 왜 많은 언론의 반대에도 불구하고 시민들과 직접 대화하려 했는지에 대해 많은 고민을 하기 바랍니다.

특히 오늘날 현대적 정부운영에 대해 학습해야 합니다. 과거 유신 시절 권위주의 통치가 아닌 시민들이 참여하는 거버넌스 정치에 대해 이해해야 합니다. 아울러 헌법 1조를 어떻게 해석해야 하는지 새롭게 인식해야 합니다. 결코, 국민을 이기는 권력은 없습니다. 그리고 그것은 역사의 진리입니다. 박근혜 정부의 실패가 자칫 대한민국의 실패로 이어질 가능성이 높아지고 있습니다. 그래서 박근혜 정부에 충고합니다. 헌법 1조를 다시 공부하십시오.

'대한민국은 민주공화국이다.(1항)
대한민국의 주권은 국민에게 있고 모든 권력은 국민으로부터 나온다.(2항)'

종북몰이로는 국가를
운영할 수 없습니다

한 번 쓰러진 도미노는 걷잡을 수 없습니다. 그동안 오래 참아왔던 국민들의 분노가 연일 봇물처럼 쏟아지고 있습니다. 정치 무관심으로 비판받던 대학생들도 '안녕하지 못한' 현실에 목소리를 내기 시작하더니 전국 수십만 명의 젊은이들이 들불처럼 일어나 응답합니다. 고등학생에서부터 40대 주부와 50대 직장인까지, 서울에서 시작하여 대전, 대구, 부산, 제주도까지 깨어 있는 시민들이 소리치기 시작했습니다. 국민이 흔들리고 민심이 분노하고 있습니다.

급기야 지난 2013년 12월 19일, 18대 대선 1주년을 맞아 여론조사 전문기관 〈리서치뷰〉에서 실시한 여론조사에서는 분노한 민심이 극명하게 드러났습니다. 박근혜 대통령 취임 이후 최초로 더 많은 국민이 '박근혜 대통령이 일을 잘못하고 있다'고 응답한 것입니다. (잘함 44.3% vs 잘못함 48.3%)

구체적으로 보면 절반이 넘는 국민(52.2%)이 '박근혜 대통령 재임 기간 10개월 동안 살기가 더 나빠졌다'고 응답했습니다. 반면 살림살이가 좋아졌다고 응답한 국민은 15.4%에 불과했으며 별다른 변화가 없다고 응답한 국민은 20.1%였습니다. 우리 국민은 지난 1년 동안 더 가난해졌습니다.

박근혜 대통령은 지난 취임사에서 국정 최우선과제로 국민대통합을 약속했습니다. 하지만 불과 10개월이 지난 시점에서 박 대통령이 약속한 국민통합이 잘 이뤄졌다고 응답한 국민은 불과 18.5%였습니다. 그에 비해 절반이 훨씬 넘는 57.3%의 국민은 박근혜 정부 이전보다 더 나빠졌다고 응답했습니다.

국민행복시대를 외친 박근혜 정부의 초라한 성적표입니다. 박근혜 정부가 그동안 보여준 모습은 국민행복시대가 아닌 국민불행시대의 개막이었습니다. 불통의 코드인사로 윤창중 성희롱 사건이 일어나고, 마음에 들지 않는 검찰총장을 몰아내기 위하여 청와대 행정관이 불법적으로 검찰총장을 뒷조사하여 끝내 낙마시켰습니다. 부정선거를 파헤치던 수사팀장의 교체도 모자라 외압을 행사해 수사를 방해했습니다. 정권의 문제점을 지적하면 '종북'으로 몰아 국민의 입에 재갈을 물렸습니다. 국가정보원을 앞세워 공안통치로 정국을 얼어붙게 하였습니다. 어느새 대한민국은 다시 겨울공화국이 되어버렸습니다.

원칙을 말하던 박근혜 후보는 대통령이 되자 거짓말쟁이 대통령이 되어버렸습니다. 후보 때 약속했던 정치쇄신은 단 한 건도 약속을 지키지 않았습니다. 대통합 탕평인사를 말했지만 결국 편중 인사가 됐습니다. 공천개혁을 약속했지만, 재보궐 선거에서 비리전력 최측근을 공천했습니다. 대통령 측근 친인척비리 상설특검제를 약속했지만 온데간데 없고 검찰을 길들여 결국은 권력의 시녀로 만들었습니다. 권력의 앞잡이가 된 검찰이 겨눌 칼끝이 어디인지는 불을 보듯 뻔합니다.

국민적 합의 없는 민영화는 추진하지 않겠노라는 말이 땅에 채 떨어지기도 전에 철도 민영화를 추진하려 하고 있습니다. 기초노령연금 20만 원 지급 약속 파기는 둘째 치더라도 4대 중증질환을 100% 국가가 책임지겠다는 약속은 논의조차 없습니다. 의료비 본인 부담 상한을 50만 원으로 인하하겠다더니 오히려 영리법인 형태의 자회사 설립 허용으로 영리 의료의 문을 열려고 합니다.

박근혜 정부의 지난 1년은 거짓말쟁이 공약파기의 시기였습니다. 박근혜 정부 1년은 증오를 팔아 분열과 갈등을 부추긴 '종북몰이' 막장통치의 암흑기였습니다. 박근혜 정부의 1년은 부정선거를 은폐하고 호도하려는 헌정유린의 반동기였습니다.

박근혜 정부 1년 동안 민주주의가 죽고 부정선거가 살아났습니다. 사상의 자유가 죽고 종북빨갱이 타령이 살아났습니다. 정당정치가 죽고 국정원 통치가 살아났습니다.

박근혜 대통령은 정의를 외치는 국민의 목소리를 들어야 합니다. 국민을 이기려 드는 정권은 결코 성공하지 못합니다. 4.19 혁명의 도화선은 3.15 부정선거였습니다. 10.26의 비극은 부마항쟁의 강력진압의 도화선이었습니다. 6.10 항쟁은 국정원의 전신 안기부의 정보통치가 불러왔습니다.

모든 역사의 비극은 국민들의 정당한 요구를 외면하고 권력의 힘으로 억압하면서 시작된다는 것을 박근혜 대통령은 명확하게 인식해야 합니다.

문제는 대선불복이 아니라 부정선거

　지난해 장하나 의원이 박근혜 대통령에게 부정선거의 책임을 물어 사퇴를 요구했습니다. 새누리당은 장하나 의원의 주장을 '대선불복'으로 몰아 장하나 의원 제명 검토에 들어갔다가 슬그머니 이를 철회하는 해프닝을 벌였습니다.

　우선 장 의원의 발언은 국회의원 제명요건에 해당하지 않습니다. 헌법 제46조 ②에는 "국회의원은 국가이익을 우선하여 양심에 따라 직무를 행한다." 라고 명시되어 있습니다. 국민을 대변하는 국회의원이 헌법과 양심에 따라 소신을 말했다고 하여 그 직분을 제명한다는 것은 독재국가의 발상일 뿐입니다.

'대선불복' 원조는 새누리당

　'박근혜 대통령 사퇴'는 입 밖에 꺼내지 못할 금기어가 아닙니다. 참여정부 시절 새누리당은 '노무현 대통령 사퇴'를 입버릇처럼 외치고 다녔으며 실제 대통령 탄핵까지 몰아간 대선불복 원조 정당입니다.

　공정한 선거는 민주주의의 제도를 존속하기 위한 최소한의 절차이며 최대한의 가치입니다. 공정한 선거 없이는 결코 민주주의가 존립할 수 없습니다. 따라서 부정선거에 불복하는 것은 민주주의에 가장 부합하는 조치입니다.

박근혜 대통령은 대한민국의 민주 헌정질서를 수호해야 하는 대통령으로서의 직무를 내버려두고 오히려 민주 헌정질서를 짓밟고 있습니다.

'박근혜 사퇴' 주장은 금기어가 아닙니다

'사퇴'와 '불복'은 같은 말이 아닙니다. 지난 대선에서 명백하게 정권차원의 부정선거가 이루어졌습니다. 그리고 부정선거의 도움으로 당선된 박근혜 정부는 의도적으로 부정선거를 은폐·부인·왜곡하고 있습니다.

그런 점에서 명백한 부정선거를 부인·은폐하고 민주주의의 근간을 흔들고 있는 박근혜 대통령의 사퇴를 요구하는 장하나 의원의 주장은 잘못된 것이라 할 수 없습니다. 새누리당은 교묘한 말장난으로 '박근혜 사퇴'를 '대선불복'으로 몰아 국민을 현혹하는 작태를 중단하십시오.

새누리당 박근혜 정부야말로 민주주의를 불복하고 국민의 올바른 요구를 불복하고 있습니다. 박정희 유신독재가 신민당 김영삼 총재를 제명하여 부마항쟁과 그로 인하여 10·26이 벌어진 사실을 잊어서는 안 됩니다. 이승만 정권의 3·15 부정선거 은폐시도가 결국 국민의 분노로 이어져 4·19혁명의 철퇴를 맞은 역사적 진실을 아프게 기억해야 합니다.

특검을 통해 진상규명, 사퇴 여부는 국회에 일임해야

민주주의를 지키는 것은 국민의 권리이자 의무입니다. 이를 저지하면 할수록 민주주의의 심판을 면하기 어려울 것이라는 점을 새누리당 박근혜 정부에게 경고합니다. 박근혜 정부가 집권 초기 9개월 동안 보여준 모습은 '이념전쟁'을 통한 권력 유지에 급급한, 정권의 모습입니다.

특검을 통해 철저한 진상규명 후, 그 결과에 따라 사퇴 여부를 국회에 일임해 논의할 수 있습니다. 새누리당 박근혜 정부는 대선불복을 말하기 이전에 부정선거부터 인정하는 게 먼저입니다.

국정원 불법 선거개입,
박 대통령이 결단 내려야

　국가정보원 대선 개입 의혹 사건을 수사한 윤석열 전 특별수사팀장이 국회 국정감사에서 발언한 내용을 보면 국정원의 선거개입이 명백해졌습니다.

　윤 팀장은 국정원 대북 심리전단 5팀이 지난 2012년 9월 1일부터 12월 18일까지 정치개입 트위터 글만 5만 건 이상이고, 심지어 박근혜 새누리당 후보 캠프의 윤정훈 목사가 운영하던 '십알단'(십자군 알바단)과 같은 글을 트위터로 리트윗하는 등 함께 불법 선거운동을 벌였다고 밝혔습니다. 윤 목사는 박 후보 캠프의 SNS 미디어본부장이었으며, 박 후보를 지지하는 댓글 팀인 십알단을 불법운영한 혐의로 유죄판결을 받은 바 있습니다.

　또, 국군 사이버사령부도 같은 공작을 한 의혹들이 드러나고 있습니다. 이미 사이버사령부 요원 4명이 정치 댓글을 단 사실을 인정했을 뿐 아니라 이들이 국정원의 콘텐츠 생산 계정으로 알려진 트위터의 글들을 리트윗하는 방법으로 확산시켜왔다는 사실도 드러났습니다.

명백하게 드러난 국정원 주도 '부정선거'

국정원, 국방부 등 국가 기관이 정파적 이익을 위해 동원돼 대한민국 민주주의 역사에서 심각한 위기를 낳고 있습니다. 이것이 사실이라면 국가기관에 의한 명백한 '부정선거'이며, 선거 자체를 무효로 할 수 있는 사안입니다.

제가 윤 팀장의 지인에게서 들은 바로는, "그는 검사로서 자부심과 배짱이 대단한 인물"이라고 평했습니다. 지인이 말한 '검사로서 자부심'과 '배짱이 대단한 인물'이라는 평은 공공적 가치를 지키고자 하는 공직자가 지녀야 할 자긍심과 단호함을 표현한 것으로 보입니다.

대한민국의 기본 가치는 '민주공화국'이고, 이는 국가는 민주적 절차에 의해 운영되며 '공공성'이 기본적 가치의 중심에 선다는 것을 의미합니다. 국정원 등의 국가기관이 동원된 선거개입은 이미 이러한 헌법 1조를 부정한 엄중한 범죄입니다.

불행하게도 한국의 우파정권은 헌법의 근본 체계와 다름없는 '공공성'을 파괴하고, 국가권력의 사유화를 바탕으로 했습니다. 건국 이후 진행된 헌정질서 파괴는 바로 특정 집단의 사적 이익을 지키거나 확장하기 위해 이뤄진 것입니다. '사사오입' 개헌과 3·15부정선거가 그랬고, 5·16쿠데타가 그랬습니다. 유신이 그러했고, 10·26 이후 등장한 군부정권이 그랬습니다.

이러한 헌정질서 파괴를 통해 공공성, 혹은 공적 자산은 철저하게 특정집단의 사유물이 되었습니다. 수많은 부정부패와 편법은 그 단편적인 수단에 불과했습니다.

원래 우파적 가치의 핵심은 '공공성'에 있습니다. 역사적으로 좌파가 개인의 자유와 권리, 그리고 인권 등을 주요 가치로 지향했던 반면 우파는 개인에 앞서 공동체적 가치를 중심에 놓는 사회 정치적 경향을 보여왔습니다.

그러나 역설적이게도 한국의 우파는 그와는 정반대의 경향을 보여왔습니다. 물론 한국 우파는 개인의 자유와 권리, 나아가 인권을 존중했던 것도 아니었습니다. 한국의 우파는 정치적으로 개인의 자유를 철저히 파괴하는 파시즘의 성향을 띠어왔습니다. 그렇다고 공동체적 가치, 즉 공공성을 자신의 정치적 중심 가치로 삼은 것도 아니었습니다.

윤여준 전 환경부 장관께서 어느 강연회에서 "박근혜 대통령은 헌법 1조 1항에 대한 이해가 없다"고 말한 적이 있습니다. 이는 박 대통령이 대통령으로서 결정적 결함이 있다는 것을 의미합니다. 공화주의가 지향하는 공공적 가치에 대한 인식이 부족한 것은 물론 그것을 민주적 방식으로 추진해야 하는 헌법적 가치를 이해하지 못하고 있다는 것입니다.

최근 국정원 선거개입 등에 대응하는 박 대통령의 태도를 보면 이런 평가가 결코 모욕적이지 않다는 것을 보여주고 있습니다. 물론 박 대통령이 아버지처럼 '국가와 민족'을 위해 '결혼도 하지 않고' 희생하고 있다고 말하기도 합니다. 김기춘 비서실장이 말했던가요? "국가와 민족을 위해 밤낮을 가리지 않는 대통령을 보면 눈물이 난다"고 말입니다.

하지만 이것은 민주적 공공성이 아니라 독단적 공공성일 뿐입니다. 그리고 그것은 곧 파시즘과 다름없습니다. 독단에 기반을 둔 공동체적 가치는 나치가 그랬고 유신이 그러했습니다.

무너지는 공공성, 심화되는 국가위기

'원형 체험'이라는 용어가 있습니다. 어느 사람의 사고를 규정하는 아동기의 체험을 의미합니다. 박 대통령의 원형체험은 유신에 갇혀 있습니다. '신 386'에 기대어 상황을 대처하려 하는 것도 그 일면입니다. 이미 권력의 정통성이 위기를 맞고 있는 상황에서 과거 유신적 대응은 시대착오적일 수밖에 없습니다.

지금 우리 사회는 심각한 위기에 직면하고 있습니다. 성장이 둔화되는 한편 자살률이 오르고 출산율은 떨어지는 등 심각한 위기의 징후들이 나타나고 있습니다. 무엇보다 가장 심각한 위기는 '공공성의 위기'입니다. 공공성이 파괴되면 성장 저하, 자살률 상승 등과 같은 위기를 넘어서는 것 자체가 불가능하기 때문입니다.

부정선거의 사실 여부를 밝히자는 야권의 주장에 대해 여권은 '선거 불복'이라는 프레임으로 대응해 왔습니다. 부정선거 불복을 얘기하기에 앞서 부정선거 사실이 확인될 경우 그 이후 전개될 사건의 전개과정을 살펴볼 필요가 있습니다.

첫째, 국정원과 사이버사령부의 조직적 선거부정 여부입니다. 이는 대선 불복 여부와 상관없이 사실 여부를 확인하는 일입니다. 지금까지 드러난 사실만으로도 조직적 부정선거 여부를 확인하고 조사해야 할 충분한 근거가 있습니다. 어떤 방식으로든 사실관계를 명백하게 밝히는 조사가 이뤄져야 할 것입니다. 지금으로서는 '특검'이 유일한 방법이라고 생각합니다.

둘째, 이들의 조직적 선거부정이 당락에 과연 영향을 줬느냐는 것입니다. 박근혜 대통령이 "제가 댓글 때문에 당선됐다는 겁니까?"라고 반문했을 때도 바로 이런 맥락에서 반론을 제기한 것입니다. 그러나 이것은 문제의 핵심을 놓친 무의미한 반론입니다. 당락에 미친 영향과 상관없이 이들의 조직적 선거개입이 있었다면 선거는 '원천 무효'이기 때문입니다.

셋째, 박 대통령의 개입 여부입니다. 두 가지로 나눠볼 수 있습니다.

① 박 대통령이 지시했거나 인지했을 경우입니다. 이 경우 선거 무효는 물론 박 대통령은 정치적인 책임을 넘어 형사처벌을 피하기 어려울 것입니다. 국가기관을 동원한 선거개입은 3·15부정선거에 버금가는 국가 내란적 범죄이기 때문입니다.

② 박 대통령이 지시하거나 인지하지는 않았을 경우입니다. 이 경우 사실상 불공정 선거를 통해 당선되었기 때문에 박 대통령은 이에 대한 정치적, 도의적 책임에서 벗어날 수 없을 것입니다. 문재인 의원이 '불공정 선거, 엄중한 책임'을 말한 것도 박 대통령이 부정선거를 지시하거나 인지했다는 확증이 없다는 전제 위에서 이뤄진 것으로 볼 수 있습니다.

넷째, 조직적 수사방해 여부일 것입니다. 채동욱 전 검찰총장 '찍어내기'는 국정원의 부정선거 조사와 인과관계가 명확하지 않았습니다. 하지만 이번 윤석열 여주지청장은 명백히 축소수사 외압이 있었던 것으로 드러났습니다. 따라서 이 외압의 실체가 무엇인지, 나아가 이 외압이 박 대통령이 국정원과 사이버사령부의 조직적 선거부정의 지시 및 사전인지와 어떤 관계가 있는지 밝혀야 할 것입니다.

국가기관의 조직적 부정선거 사실이면 대선 '원천 무효'

다섯째, 만약 부정선거 의혹이 사실이라면 당연히 지난 대선은 원천 무효일 것입니다. 하지만 적지 않은 분들이 헌정중단이 가져오는 혼란을 걱정하는 경우도 있습니다. 이런 우려와 관련해 두 가지로 정리할 수 있을 것입니다.

① 박 대통령이 지시·인지했을 경우 정치적 해결 방법은 제한적입니다. 그에 상응하는 법적 조치만 가능할 뿐입니다.

② 지시 및 사전 인지가 없었을 경우 정치적 해결이 가능합니다. 사실을 엄정하게 조사한 결과를 바탕으로 여야가 합의로 정치적 타협점을 찾을 수 있을 것입니다.

따라서 박 대통령이 부정선거를 사전 지시하거나 인지하지 않았다면, 특검을 통한 엄정한 수사로 국정원, 국방부 등 국가 기관의 부정선거 여부를 밝히는데 주저하지 말아야 합니다.

그리고 조직적 부정선거 의혹이 사실로 밝혀지면, 박 대통령이 국정원 개혁, 경제 민주화 등 야권의 의제를 책임 있게 수용하는 대신 물론 엄중한 사과와 함께 국회에서 선거무효 여부에 대한 정치적 해결을 위임하는 것입니다.

박 대통령이 위에 상응하는 조처를 하지 않으면 임기 말까지 정통성의 위기로부터 벗어나기 어려울 것입니다. 특히 '신 386' 등 40여 년 전의 방식으로 시민참여 정치시대의 정통성 위기에 대응하려 한다면 더욱 그러할 것입니다. 이제 박 대통령이 선거부정 의혹에 대해 결단해야 할 시기입니다.

박근혜 정부는 봉숭아 학당인가

#1. "나이 65세에 기초연금을 받게 된다면 인생을 잘못 사신 겁니다." 얼마 전, KBS라디오에 출연한 복지부 김용하 국민연금재정추계위원회 위원장이 이렇게 놀라운 발언을 했습니다.

기초연금은 빈곤층으로 전락한 노인 문제를 사회적으로 해결하기 위한 제도입니다. 그런데 이를 개인의 도덕적 문제로 환원하는 듯한 발언을 함으로써 공분을 사고 있는 것입니다.

#2. 유진룡 문화부 장관이 고려시대 부석사 불상을 일본에 다시 돌려줄 것 같은 뉘앙스의 발언을 해 인터넷을 뜨겁게 달구고 있습니다. 유 장관은 "지난 10월 절도에 의해 한국에 반입된 것에 대한 원론적 발언이었다."고 해명했습니다.

그러나 이 문제는 현재 법원 판결을 기다리고 있는 사안인 만큼 유 장관이 언급할 문제는 아니라고 할 수 있습니다. 더욱이 이 불상은 일본에 불법적으로 유출된 문화재인 만큼 오히려 해당 부처 장관으로서 이를 따졌어야 할 것입니다.

#3. "전작권 환수는 적화통일 사전 작업이며, 이를 추진한 노무현 정부의 관계자는 종북이다." 최근 외교부의 이원우 국장이 블로그에 올린 글의 내용입니다. 이는 직책을 넘어선 주제넘은 발언일 뿐 아니라 공무원으로서 도저히 할 수 없는 발언입니다.

공무원들은 어쩌면 박근혜 대통령의 눈에 들기 위해 이런 문제 발언을 했을지도 모릅니다. 그러나 저는 여기서 박근혜 리더십의 위기 징후를 발견합니다. 참여정부 홍보처장으로서 정부의 메시지 관리를 했던 제가 봤을 때, 이런 문제 발언들이 동시에 튀어나온다는 것은 있을 수 없는 일이기 때문입니다.

여기에 채동욱 검찰총장 사퇴 처리에 대한 구시대적 대응, 진영 복지부 장관 사퇴에 대한 아마추어적 대응 등은 박근혜 정부의 위기를 가중시키고 있습니다.

공안세력에 기댄 박근혜 정권, 시대에 안맞아

왜 자꾸 정부 주변에서 이런 일들이 발생하고 있을까요.

저는 박근혜 대통령이 유신 시대에서 정신적 성장을 멈춘 공안세력 중심으로 정부를 운영함으로써 우리 사회의 발전수준에 걸맞은 시스템 운영 능력을 갖추지 못했기 때문이라고 생각합니다.

박근혜 정부는 처음부터 '정당성의 위기'를 안고 출발했습니다. 지난해 대통령 선거에서 국정원의 선거 개입 사실이 속속 드러나고 있으며, 이 과정에서 여권 인사들의 관여 정황이 밝혀지고 있습니다. 박근혜 대통령 역시 책임을 피하기 힘들 뿐 아니라, 자칫하면 선거 자체가 무효화 될 수 있습니다. 이럴 경우 박근혜 정부의 정당성 기반이 무너지고, 정국은 큰 혼란에 빠질 것입니다.

그러나 박근혜 정부는 이러한 정당성 위기를 정치적으로 해결하려고 했습니다. 국정원 선거개입 수사를 하는 검찰의 수장을 조선일보의 혼외자식 보도로 흔들더니, 법무부 감찰로 결국 물러나게 하였습니다.

정치적 위기는 국면에 따라 부침할 수 있습니다. 그러나 정당성의 위기는 한 번 트랙에 들어서게 되면 빠져나오기가 쉽지 않습니다. 국정원의 선거개입을 인정하고 국정원을 혁신하자고 나서는 순간, 이는 박근혜 정부의 정당성을 스스로 부정하는 것이기 때문에 정당성 위기의 딜레마에서 벗어나기 쉽지 않습니다.

그렇다고 지금과 같은 정치적 대응은 위기를 더욱 심화시킬 뿐입니다. 더욱이 공안정국 방식의 해결책은 케케묵은 유신의 길을 답습하게 합니다. 남재준, 김기춘의 70년대식 사고방식으로는 21세기의 정당성의 위기를 넘어선다는 것은 사실상 '연목구어(緣木求魚)'나 마찬가지입니다.

그럴 일을 아예 만들지도 않았겠지만, 만약 노무현 대통령이 이런 문제에 부딪혔다면 어떻게 했을까요?

저는 단언컨대, 노 대통령이었다면, "국정원 선거개입 특검을 수용하고 그 결과를 놓고 국회에서 재선거가 필요하다고 판단하면 재선거를 하자. 그리고 이번에 국정원이 전혀 선거에 개입하지 못하도록 법을 고치자"라고 했을 것으로 생각합니다.

정당성 위기는 이런 정면 돌파 아니면 벗어날 방법이 없기 때문입니다.

시스템에 의한 국정운영이 절실

논란 끝에 진영 복지부 장관이 사퇴했습니다. 현직 복지부 장관이 기초연금안을 반대하면서 사퇴했다는 것은 박근혜 정부에 큰 타격이 아닐 수 없습니다. 그러나 이 문제는 단순히 한 장관의 '항명' 사건이 아닙니다. 이 사건에서 우리는, 공직사회 설득에 실패한, 리더십의 부재를 발견하게 됩니다.

진영 장관은 공무원들의 논리를 충실히 학습했을 것입니다. 지금 기초연금에 대한 진 장관의 판단은 기본적으로 공무원들에 의해 주입된 것입니다. 따라서 진 장관의 사퇴는 기초연금에 대해 청와대가 공무원들을 설득하지 못했음을 의미합니다.

이는 시스템에 대한 이해 없이 '인치(人治)'로 국정을 운영한 데서 비롯됩니다. 박근혜 정부에서 수석이나 비서관들이 대통령과 대화하거나 토론하는 일이 드물다고 합니다. 그 아래 공직자들은 말할 것도 없겠지요. 모든 결정을 대통령이 합니다. 언론에서는 '만기친람(萬機親覽)'이라고 했던가요? 하지만 대통령이 주변의 이야기를 듣지 않고, 혼자서 결정하는 박근혜 정부 식의 국정운영 방식은 매우 위험합니다.

이런 대통령의 독단을 견제하는 데 필요한 것이 바로 시스템입니다. 이번 기초연금 사안의 경우 대통령은 기본 원칙만 제시하고, 복지부, 전문가, 여당, 정치권이 정책 결정 과정에 참여해 지혜를 모았어야 합니다.

참여정부를 '위원회 정부'라고 비판하는 사람도 있지만, 이 위원회 시스템 덕분에 정책 결정 과정의 독단과 실수를 크게 줄일 수 있었습니다.

21세기의 정부 운용은 '거버넌스'로 이뤄져야 한다는 것이 학계의 일반적 견해입니다. 사회의 다양한 분야가 참여해 합치를 통해 사회적 갈등을 해결하고 리더십을 형성합니다. 대통령 중심의 1인 통치는 더 이상 유효하지 않습니다.

채동욱 총장 사태에 대한 낡은 방식의 대응, 진영 장관 사퇴에서 나타난 공직사회에 대한 리더십 부재, 그리고 유진룡 장관과 외교부 이원우 국장 등이 보여주고 있는 공직 사회의 이완현상은 기본적으로 컨트롤 타워의 부재에서 비롯된 것입니다. 정확히 얘기하면 거버넌스 또는 시스템에 의한 국정운영 대신 마치 유신 시대처럼 공안통치 방식의 국정운영에 의존하기 때문입니다.

집권 1년여 만에 박근혜 정부의 위기가 커지고 있습니다. 정당성의 위기, 국정운영 시스템의 부재, 관료들의 돌출 발언과 컨트롤 타워의 부재 등 위기의 징후가 곳곳에서 튀어나오고 있습니다. 아직 4년도 더 남았는데, 이를 지켜보는 시민들은 고통스럽기만 합니다.

독재자, 독재자의 딸
그리고 유신의 추억

　지난해 박근혜 정부가 반년도 채 되지 않아 청와대 비서실장을 비롯한 청와대 인사를 단행했습니다. 당시 인사의 핵심은 김기춘 비서실장의 임명이라 할 수 있습니다. 유신헌법 초안을 만든 인물, 초원복집 사건의 주인공, 노무현 대통령 탄핵에 앞장선 인물입니다.

　박 대통령은 왜 아버지 세대에 속하는 이런 사람을 비서실장에 썼을까요. 저는 '두려움' 때문이라고 단언합니다. 결론적으로 말씀드리면, 박근혜 정부는 지금 정당성 위기가 가속되고 있지만, 마땅한 대응책이 없습니다. 그래서 박 대통령은 자신의 20대 시절 '용감하게(?)' 아버지를 위해 일했던 사람들에게 의지하고 싶은 것입니다.

　국정원 선거개입으로 야기된 정당성 위기를 해결할 마땅한 대응책이 없다는 절망감과 두려움이 이런 낡은 인물의 선택으로 드러난 것입니다.

　여러 정황상 이미 '국정원 선거개입을 통한 당선'이라는 인식이 확산되고 있습니다. 매 주말 수 만 명이 촛불시위에 참가하고 있습니다. 설령 그 숫자가 10여 명이라도 마찬가지입니다. 지지율 60%라고 해서 달라지는 것도 아닙니다. '정당성의 위기'라는 미로로 걸어 들어가고 있기 때문입니다. 비록 소수라도 끈질기게 촛불을 지키면 결국 박근혜 정부의 정당성을 근본적으로 부정하는 결과를 가져올 것입니다.

정치적 위기는 굴곡이 있을 수 있습니다. 해결될 수도 있고, 심화될 수도 있습니다. 그러나 정당성 위기는 일단 촉발되면, 그 굴레에서 벗어나기 어렵습니다. 남북관계, 복지 확충 등과 같은 의제로 정치적 위기는 넘어설 수 있지만, '국정원 선거개입'이라는 '정당성 위기'의 굴레에서 벗어나기는 좀처럼 쉽지 않습니다.

최근 문재인 의원이 "지금 상황을 풀 수 있는 분은 박 대통령 뿐"이라고 말했습니다. 결국, 이 문제가 박근혜 정부의 정당성 위기의 문제인 만큼 본인의 특단의 조치가 아니면 해결되지 않는다는 뜻입니다. 하지만 박 대통령이 이를 계속 외면하면서 엉뚱한 '말씀'만 전하는 것은 이를 해결할 마땅한 정치적 수단이 없다는 의미입니다.

한국의 보수는 크게 두 가지 흐름이 있습니다.

하나는 '시장적 보수'입니다. 이들은 이명박 대통령 당선의 중심 역할을 했습니다. 세계적으로 확산된 신자유주의를 배경으로 경쟁과 성장을 중심축으로 한국 사회에 개입하는 집단입니다. 33%에 이르는 자영업 종사자들이 주요 구성원입니다.(자영업자 27%에 비임금 종사자까지 포함하면 33%에 이름. 반면 외국의 자영업자 비율은 10% 안팎).

과거 이들은 야당의 중심 세력을 형성했지만, 성장의 한계에 부딪히고 자영업 내부의 경쟁이 심화되면서 성장주의에 경도됐고, 이후 이명박 후보의 보수정치에 동원됐었습니다.

다른 하나는 전통적인 '이념적 보수'로 박근혜 대통령의 지지기반으로 분류할 수 있습니다. 한국의 이념적 보수는 다른 신생독립국처럼 독립과 건국에 뿌리를 두고 있는 것이 아니라, 친일과 반공에서 시작했고 이후 유신정권을 거치면서 확대 재생산돼 오늘에 이르고 있습니다.

2008년 대선은 바로 이명박으로 대표되는 '시장적 보수'의 승리였습니다. 그 결과 4대강 개발, 부자와 재벌 감세 등 전형적인 개발주의와 신자유주의 정책이 독주했습니다. 여기서 주목할 것은 비록 그것이 잘못된 것이기는 하지만, 나름의 아젠다를 갖고 있었다는 점입니다.

문제는 이념적 보수에 기반을 둔 박근혜 대통령입니다. 박 대통령의 당선은 사실상 박정희 시대의 재생산이라 할 수 있습니다. 원래 복지와 남북문제에 대한 전향적 정책을 예상했고, 이것이 야권의 입지를 좁히게 될 것으로 예상했었습니다.

하지만 결과는 그렇지 않았습니다. 복지 확충은 재원확충 방안이 마땅치 않아 현실적으로 어렵게 되었습니다. 자신의 정치적 기반인 부자와 대기업 감세를 되돌릴 수는 없습니다. 대신 서민과 중산층의 주머니를 털자니 이들의 반발도 만만치 않아 최근 이마저도 포기했습니다.

남은 것은 남북문제 뿐입니다. 그렇다고 남북관계를 정치적으로 이용하는데도 한계가 있습니다. 미국과 동북아 질서 속에서 북한과 계속 적대적 관계에 있기는 쉽지 않습니다.

박정희 시대 재생산에 머물 박근혜 정부

결론은 이념적 보수로는 자신의 독자적 의제를 갖기 어렵다는 점입니다. 앞으로, 무엇을, 어떻게 하겠다는 비전과 이를 정책화한 아젠다가 없다는 것입니다.

김대중 대통령은 평화와 민주화, 노무현 대통령은 투명성과 평등이라는 비전을 갖고, 임기 끝까지 이를 구체화한 정책 의제를 끌고 갔습니다. 많은 정치적 위기를 겪었지만, 이러한 의제의 정당성은 퇴임 후에도 높은 평가를 받았습니다. 심지어 이명박 대통령도 잘못된 선택이었지만, '4대강'이라는 의제가 있었습니다.

〈전체주의의 기원〉을 쓴 유태인 정치철학자 한나 아렌트는 정치란 "의제를 세우고 동의하는 사람들을 결집해 이를 현실화하는 것"이라고 말했습니다. 미래지향적 의제를 제시하고, 이를 중심으로 세력을 규합해 그 의제를 현실화하는 것이 정치라는 겁니다.

의제 없는 정치는 조폭에 불과합니다. 우리 사회의 비전과 이를 실현하기 위한 정책 대안없는 정치세력은 이익집단에 불과합니다. 이런 집단은 곧 위기에 봉착할 수밖에 없습니다.

불행하게도 오늘의 야당도 의제가 없기는 마찬가지입니다. 그래서 박근혜 정부의 정당성 위기 상황에서도 제대로 된 대응을 못 하고 있는 것입니다.

앞으로도 박근혜 대통령의 정치적 선택은 제한적일 수밖에 없을 것입니다. 오로지 이념 노선을 강조할 수밖에 없을 것입니다. 종북세력 척결이 그들의 유일한 아젠다가 될 것입니다. 따라서 김기춘 실장과 그 세대들의 역할이 점점 커질 것입니다. 검찰과 국정원, 그리고 군부가 다시 동원될 것입니다. 국민을 설득할 언어가 없으니, 주먹과 완력이 앞서는 것이지요.

하지만 이런 식으로는 계속 넘기기 어려울 것입니다. 2014년 지자체 선거야 살림살이 선거인만큼 어떻게든 버틸 것입니다. 그러나 박근혜 정부에게는 그 이후를 돌파할 뾰족한 의제가 없습니다. 시민들이 매주 서울광장에 모여 정당성 위기를 촉발시켜도, 대응수단이 없습니다. 지금처럼 못 본 척하면서 남의 다리 긁는 것도 한계가 있습니다.

아버지 '유신의 길' 순례에 나선 박근혜 대통령

그래서 박 대통령은 지금처럼 앞으로도, '깨끗한 정부'를 내세우며, 과거 비리를 단죄하는 퍼포먼스를 계속할 것입니다. 숨겨진 전두환의 추징금을 박박 긁어내며 국민들에게 카타르시스를 줄 것입니다. 이명박의 일부 측근들을 구속시킬 수도 있습니다. 4대강 비리도 손볼 것입니다. 그러나 이것만으로 권력의 정당성 위기가 해결되지 않습니다.

진짜 과거를 청산하고자 한다면, 천안함 사건에 대한 불신을 해소하고, 국정원 선거개입을 단죄해야 합니다. 그러나 이는 이념적 보수 그리고 박 대통령 자신의 정당성을 근본적으로 허무는 것이기 때문에 절대 수용할 수 없을 것입니다. 박 대통령이 현안에 아무 대답도 할 수 없는 이유가 바로 여기에 있습니다.

'정당성 위기 심화 → 미래 의제 부재 → 과거 청산 → 국정원 선거개입 단죄'로 이어지는 시나리오는 결국 '정당성 붕괴 → 군, 검찰, 국정원 등을 동원한 철권통치'라는 외길로 연결될 것이기 때문입니다. 이는 결국 박근혜 대통령의 아버지가 갔던 길, 즉 '유신의 길'입니다. 지금 박근혜 정부를 보면, 자꾸 '유신의 길'이 떠오르는 이유이기도 합니다.

이 외통수를 벗어나는 길은 과연 무엇일까요? 박근혜 대통령의 결단만이 문제를 해결할 수 있다는 의미도 바로 이 지점에 있습니다.

문재인·안철수·박원순
누가 진보적 자유주의자인가

안철수 의원 측이 '진보적 자유주의'를 들고 나왔습니다. 많은 사람이 고개를 가우뚱했습니다. 갑자기 이념 논쟁을 들고 나왔기 때문입니다. 더욱이 '보수적 자유주의'라면 모를까 '진보적 자유주의'를 들고 나왔습니다. 아직 안철수 의원 측이 분야별 정책들을 구체적으로 표명한 적이 없는 상황에서 '진보적 자유주의'를 주장하고 나선 것은 생뚱맞다는 느낌을 지울 수 없었습니다.

그러나 한국사회의 변화를 일정 정도 반영한 것은 틀림없습니다. 이미 지식사회와 정치사회에서 오래전부터 논의되어 오던 것을 '쉽게' 자신의 정체성으로 빌린 것으로 보입니다.

지금 국정원의 정치개입(댓글과 NLL 왜곡을 통한 대선 개입)이 정치의 현안이 되고, '진보적 자유주의'에 대한 논의가 불충분하게, 또 애매하게 묻혀버린 느낌을 지울 수 없습니다. 앞으로 새롭게 전개될 논의를 위해 '진보적 자유주의'를 좀 더 명료하게 정리할 필요가 있을 것입니다.

안철수 의원의 '진보적 자유주의'란

안철수 의원 측은 '내일'이라는 연구소를 만들고 지난해 6월 19일 창립 심포지엄을 열어 '진보적 자유주의'를 구체화하려 했습니다. 이 날 참석하시는 분들 면면이 그동안 학계에서 진보적 성향을 보인 분들이었습니다. 분야별 진보적 정책 전문가들이 여럿 참여해 각론을 펼쳤습니다. 그러나 기존의 진보적 대안들과 크게 다르지 않았던 점으로 미루어 볼 때, 이들을 모아놓는다고 해서 '진보적 자유주의'가 제대로 규정되는 것은 아닐 것입니다.

그나마 이를 개념적으로 정리한 것은 주로 최장집 교수였습니다. '진보적 가치와 보수적 가치를 통합한 것'이라는 설명이 대표적입니다. 좀 더 구체적으로는 유별나게 최장집 교수를 키우는 〈경향신문〉과의 인터뷰에서 했던 설명입니다.

"여기서 '진보적'이라는 말은 신자유주의가 낳은 사회경제적 문제, 시장 과잉의 문제에서 좀 더 진보적인 의미가 있다는 것을 뜻한다."

최장집 교수 자신도 당혹해하듯이 아직 개념이 정리되지 않은 것으로 보입니다. 혹시 여전히 진보적 정책과 보수적 정책의 짜깁기 정도를 생각하는 게 아닌지 의심스럽습니다.

자유주의의 진보적 복권이 필요한 시대

저는 기본적으로 자유주의가 여전히 진보적 자원이 있다고 봅니다. 오랫동안 자유주의는 '반공'과 '시장의 자유'라는 이름으로 보수적으로 동원되었던 것이 사실입니다. 그러나 독립과 해방 이후 민주화 과정, 통일운동은 기본적으로 개인, 공동체, 국가의 자유주의적 확장이었다고 봅니다.

특히 오늘날 자유주의는 시민적의 자율과 참여를 바탕으로 인권, 평화, 복지, 생태, 공존 등의 가치로 확장하고 있습니다. 이런 점에서 보면 자유주의적 과제는 여전히 현재 진행 중이며, 우리 사회 진보의 핵심 동력이라고 봅니다. 즉 오늘날 자유주의는 여전히 진보적 의미가 있으며, 동시에 진보적 자원을 확장하고 있습니다.

이런 점에서 저는 진보적 자유주의의 핵심은 자유주의의 '진보적' 복권이라고 규정하고자 합니다. '반공'과 '시장의 자유'에 의해 독점되어 보수적으로 동원되었던 자유주의를 진보적으로 재해석하는 것이 바로 진보적 자유주의의 핵심이라 생각합니다. 이는 곧 진보의 자유주의적 영역으로의 확산이라고 할 수 있습니다.

이렇게 보면 한국의 진보적 자유주의는 19세기 말에서 20세기 초에 존 스튜어트 밀과 힐 그린을 거쳐 케인즈로 이어지는 '사회적 자유주의'의 흐름 속에서 파악할 수 있다고 봅니다. 이 자유주의는 개인의 자유라는 가치가 소유권보다는 도덕적 정당성에 기초하고 있음을 의미하며, 한국의 정치적 상황에 부합하는 '정치적 자유주의'라고 할 수 있습니다.

시장은 자유라는 이름으로 불평등을 극대화해왔습니다. 하지만 이러한 사회적 자유주의를 바탕으로 시장의 패권화를 규제하고, 이를 넘어 불평등을 해소하는 것이 진보적 자유주의의 과제일 것입니다. 자유주의의 재구성은 첫째가 자유주의의 진보적 복권이며, 둘째는 시장의 불평등 구조를 정치 사회적 자유주의에 기초해 재구성하는 것이라고 요약할 수 있습니다.

보수적 자유주의를 진보적으로 복권하는 것이 핵심

우리나라에서 '진보적 자유주의'를 설명하려면 '87년 체제'에 대한 언급을 피해갈 수 없습니다. '87년 체제'의 핵심은 '정치권력의 민주화'와 '시장의 자유화'로 요약할 수 있습니다. 이 '87년 체제'의 결과는 역설적으로 '정치의 위기'와 '시장의 권력화'로 귀결되었습니다. 즉 87년 민주화의 결과는 우리 사회를 다원화하고 자율성을 부여한 것은 사실이지만, 동시에 시장에 의한 식민화, 패권화를 가속화했습니다.

따라서 현재 우리 사회가 진보적으로 재구성해야 할 방향은 우리 삶을 식민화, 파시즘화하는 시장권력과 국가권력으로부터 구하는 일이고, 그러기 위해 무엇보다 자율적인 시민 공동체를 재건하는 일이라 할 수 있습니다. 물론 이 공동체는 과거의 군사적 공동체, 학연 지연 등에 기반을 둔 서열공동체가 아니라 평등, 복지, 균형, 다원, 자율, 평화 등의 가치에 기반을 둔 진보적 공동체여야 할 것입니다.

이 진보적 공동체란 존 듀이의 표현을 빌리자면 '사회를 구성하는 개인들의 실질적 자유와 문화 발전을 위해 새로운 생산력이 협동적으로 통제되고 사용되는 형태'일 것입니다.

바로 이 공동체를 통해 시장의 권력화를 정당화하는 사이비 '자유'가 아니라 다원과 자율에 기초한 진보적 자유가 재구성될 수 있을 것입니다. 이렇게 본다면 자유를 보수의 가치로만 치부하는 것은 획일적인, 비과학적 사고입니다.

자유는 여전히 확장해야 할 가치이며, 그것을 가능케 하기 위해서라도 평등, 복지, 균형, 다원, 자율, 평화 등의 가치를 확대해야 할 것입니다. 다시말해 이들 모두 여전히 자유주의의 한 부분이며 유럽의 사민주의와도 맥락을 같이 하고 있습니다.

핵심은 '진보'와 '자유주의'의 외면적 결합이 아니라 '자유주의'의 '진보적 재구성'입니다. '진보=구좌파', '자유주의=신자유주의'로 등식화하고 양자의 외면적 결합을 통해 87체제의 대안을 찾을 수는 없을 것입니다. 핵심은 보수적으로 해석되고 조직되었던 자유주의를 진보적으로 복권하는 일입니다.

문재인·안철수·박원순, 진보적 자유주의자는 누구입니까

문재인, 안철수, 박원순의 등장은 정당의 위기와 맞물려 있습니다. 이들은 기존의 정당 외부에서 정치에 투입된 자원들로 기존의 정당 체계로서는 포괄되지 않는 세력들을 대변하고 있습니다. 즉 기존의 지역, 이념을 바탕으로 구획된 기존 정당이 포괄하지 못한 사회적 세력이 존재한다는 것입니다.

저는 기존 정당이 포괄하지 못한 이들을 바로 '진보적 자유주의'로 파악하고 있습니다. 87년 이후 형성된 진보적 자유주의는 몇 가지 특징을 지니고 있습니다.

우선 기존의 학생운동, 민중운동에 기반을 둔 진보와 분명한 차이를 갖고 있습니다. 이들은 기존의 진보와 달리 개방과 시장에 대해 부정적이지 않습니다. 시장과 개방의 가치를 인정하면서도 평등과 복지를 중시합니다.

이들은 또 기존의 미디어 대신 SNS를 통해 정치적 의사소통을 하고 있습니다. SNS를 통한 의사소통은 이미 정당을 압도하고 있습니다. 이미 여러 조사에서 정당을 통해 정치적 의사를 표현하겠다는 사람이 3% 미만인 반면, SNS를 통해 정치적 의사를 표현하는 사람이 33%(매일경제신문과 엠브레인 공동설문조사, 2011)를 넘었습니다.

기존의 시민운동과 정당을 불신하는 이들은, 정치과정에 직접 참여하고자 합니다. 이들은 시민운동과 정치운동의 이분법에 동의하지 않습니다. 대신 이들은 직접 참여하는, 의사결정권을 균등하게 배분하는 새로운 정당체제를 희망하고 있습니다.

요컨대 우리나라에서 87년 이후 형성된 새로운 정치세력은 △시민운동과 정치운동 이분법을 넘어 스스로 참여해 정치적 의사결정에 참여하고자 하는 시민정치 세력들로, △자신의 정치적 의사를 SNS를 통해 표출하고 있으며, △이념적으로는 자유주의를 진보적으로 재구성한 '진보적 자유주의'로 규정할 수 있다는 것입니다.

앞으로 이들의 공간은 비약적으로 확장될 것으로 보입니다. 과거 지역 기반의 정치문화, 80년대의 이념기반의 정치문화를 넘어서는 시민정치 세력은 확장될 것이며, 이 공간에서 야권의 주류 정치세력이 형성될 것으로 보입니다. 어떻게 보면 이 공간을 차지하기 위한 경쟁은 이미 시작되었습니다. 개인적으로 안철수 의원 측의 '진보적 자유주의'로의 정체성 결정은 이런 인식에 바탕을 두고 있다고 생각합니다.

기사로만 접한 것이라 그 깊이를 충분하게 파악했다고 할 수 없지만, 안철수 의원 측이 이해하고 있는 '진보적 자유주의'는 오히려 몸에 맞지 않는 외투처럼 느껴지기도 합니다. 진보적 자유주의에서 핵심은 '자유주의의 진보적 재구성', 즉 자유주의의 여러 흐름 중 '사회적 자유주의의 강화'입니다. 그러나 안철수 의원 측의 설명을 보면, 자유주의의 진보적 재구성이라는 문제의식이 투철하게 드러나지 않은 것 같습니다.

제가 느끼기에는 자유주의 속에는 여전히 시장 자유주의, 반공 자유주의들이 개입할 여지가 적지 않아 보입니다. 만약 자유주의를 이런 보수적 가치들로 윤색한다면, 그것은 보수적으로 동원된 사이비 자유주의일 뿐입니다.

이런 사이비 자유주의 인식에 기초하는 한 진보적 자유주의, 즉 평등, 평화, 자율, 인권, 복지 등을 기반으로 하는 자유주의의 진보적 재구성은 불가능할 것입니다. 이런저런 언급들을 참고하면 안철수 의원 측의 자유주의는 '보수적으로 재구성'된 자유주의라는 의구심을 지울 수 없습니다.

'친노세력' 공격은 진보적 자유주의 배제 전략

현재 민주당을 비롯한 야권의 위기는 바로 진보적 자유주의 세력을 포괄하지 못하는 데 있습니다. 민주화 역사에서 중요한 역할을 했던 지역기반과 80~90년대를 거쳐 형성된 이념기반에 대해 동의하지 않는, 그래서 새로운 가치와 조직 문화를 기반으로 하는 정치를 희망하는 이들 세력이 민주당 외부에 머물며 민주당을 위협하고 있습니다.

이 진보적 자유주의 세력을 처음으로 정치적으로 불러낸 사람은 노무현 대통령이었습니다. 그래서 혹자는 진보적 자유주의로 규정될 수 있는 시민정치세력들을 '친노'로 규정하기도 합니다. 이들은 SNS를 통해 정치적 의사결정에 참여하기 때문에, 이들에 적대적인 세력은 이들을 소위 '모바일 세력'이라고 폄하하기도 합니다. 아주 틀린 용어는 아닙니다만, 이 진보적 자유주의 세력은 '친노'로만 대변되지 않습니다.

하지만 '친노'에 대한 공격은 역설적으로 이들 진보적 자유주의 세력의 결집을 가져왔지만, 한편으론 이들을 민주당에서 배제하는 효과를 드러냈습니다. '친노'에 대한 공격은 결국 진보적 자유주의 중심의 시민정치세력을 배제하기 위한 '배제의 전략'이었습니다.

현재 민주당의 위기와 그것을 넘어서려는 전략은 바로 기존의 민주당으로 대표되지 않는, 나아가 기존의 민주당 체제를 위협하는 '진보적 자유주의' 세력을 정치적 의사결정에 참여시키는 일에서 시작합니다. 이런 점에서 민주당의 개혁은 시민정치세력에 의한 '더 많은 참여와 더 많은 민주주의'를 통해 해결될 수밖에 없습니다.

현재 민주당의 위기는 계파의 퇴행적 야합으로 해결될 수 없습니다. '당원 중심의 정당'이라 말하지만, 소위 당원은 대부분 기존 계파에 영향을 받고 있는 지역위원장과 국회의원의 의해 동원될 뿐입니다. 따라서 '당원 중심의 정당'이라는 그럴듯한 명분에도 불구하고 87년 이후 형성된 새로운 정치세력, 즉 '진보적 자유주의' 세력의 참여 기회는 오히려 차단되고 있습니다.

정당개혁뿐 아니라 선거제도도 이들의 참여를 확대하는 방식으로 개혁되어야 합니다. 독일식 정당명부 비례대표제가 그 대안일 수도 있습니다. 현재의 정당체제에서 진보적 자유주의를 포함한 다양한 정치세력들을 대표할 정당이 부재한 만큼, 이들의 정치적 요구를 대표할 수 있는 선거제도로의 개혁이 필요합니다.

도식적으로 말하면 민주당의 혁신 방향은 '더 많은 참여와 더 많은 민주주의'입니다. 민주당이 대표하지 못하는 시민정치세력이 민주당에서 정치적 발언권을 얻고, 실질적인 의사결정과정에 참여할 수 있어야 합니다. 진보적 자유주의 세력이 민주당 안에서 정치적 영향력을 행사할 수 있어야 합니다. 이러한 개방과 참여 없는 민주당의 혁신은 허구입니다.

아직도 '친노' 타령, 친노는 누구인가

가능하면 저는 이 글을 쓰고 싶지 않았습니다. 소위 '친노'라는 용어 속에 감춰진 정치적 적의(敵意) 때문이었습니다. 그러나, 한상진 민주통합당 대선평가위원회 위원장(서울대 명예교수)이 대선 패배에 대한 소위 '친노' 책임론을 들고 나왔다고 합니다. 〈서울신문〉에 따르면 대선평가위원회 보고서에서 문재인 의원의 의원직 사퇴를 요구할 예정이라는 보도가 나왔습니다. 이제 불가피하게 소위 '친노'담론이 가진 본질에 정면 대응하지 않을 수 없게 되었습니다.

저는 노무현 대통령 밑에서 3년간 국정홍보처장으로 일했습니다. 중앙일보 전문기자/논설위원을 마치고 명지대로 자리를 옮긴 직후였습니다. 일면식도 없었던 노무현 대통령께서 저에게 국정홍보처장을 맡긴 것입니다. 국정홍보처장 자리는 정부의 대 언론 홍보업무를 실무적으로 총괄하는 자리였습니다. 3년간 보수언론의 공격은 저에게 집중되었고, 결국 그들의 압력으로 명지대학교로 복직하지 못했습니다.

'친노'를 자처하는 이유

대학교수 복직의 좌절은 제 인생에서 큰 손실이었습니다. 중앙일보를 그만두고 원래 제 직업이었던 대학교수로 되돌아왔던 터라 더욱 그랬습니다. 그러나 참여정부의 가치가 옳다고 믿었던 만큼 그 결과를 함께 책임을 져야 한다고 생각해 사표를 냈습니다. 특히 저와 함께 일했던 홍보처 공무원들을 이명박 정부가 대거 해직시키는 상황에서 저만 살겠다고 복직문제로 싸우기 싫었습니다.

노무현 대통령 퇴임 후 사상적 고민을 함께했던 영광도 가졌습니다. 서거 직전까지 매주 1박 2일 봉하로 내려가 우리 사회의 미래를 놓고 장시간 토론했으며, 그 토론 내용을 정리한 것이 바로 〈진보의 미래〉였습니다.

물론 저는 청와대에서 근무한 것도 아닙니다. 그렇다고 오랫동안 정치적으로 생사고락을 같이한 정치적 동지도 아닙니다. 그렇지만 노무현 대통령이 추구했던 사회정치적 가치에 동의하고 그것을 구현하기 위해 참여정부에서 흔쾌하게 일했습니다. 더욱이 노무현 대통령의 마지막을 사상적으로 공유할 수 있었습니다. 이런 제가 어떻게 '친노'가 아닐 수 있겠습니까. 저는 '친노'가 맞습니다.

저는 민주당 경선은 물론 대선에서 문재인 후보를 위해 열심히 뛰었습니다. 특별한 직책을 준 것은 아니지만 새로운 가치에 입각한 정치의 실현을 위해 정권교체가 불가피하다는 생각했고, 그것이 문재인 후보를 통해서 가능한 일이라고 생각했습니다.

저도 선거 패배로 좌절감이 컸습니다. 저도 대학 시절 박정희 유신정권과 싸우다 징계와 강제징집, 고문을 당했습니다. 하지만 민주정부 10년을 통해 유신세력의 청산이 이뤄졌을 것이라는 저의 생각과 달리 40년이 지난 지금도 아직 우리는 그들로부터 결코 자유롭지 못하다는 현실을 깨달았습니다. 또 이명박 정부가 자행한 수많은 공적 가치의 훼손, 특히 노무현 대통령의 서거에 대해 역사적 책임을 묻고 평가할 기회를 잃어버린 것은 저에게는 큰 상실이었습니다.

비록 부족한 개인이지만, '조금 더 열심히 했으면…'하는 아쉬움과 송구함을 가지고 있습니다. 이는 저 개인뿐 아니라 이번 선거의 승리를 위해 열심히 뛰었던 대부분 사람들의 심정일 것입니다.

누가 누구를 평가합니까

그러나 지금 선거에 대한 평가 과정을 지켜보면서 당혹한 감정을 지울 수 없습니다. 다름 아닌 소위 '친노 책임론'입니다. '친노 책임론'을 제기하는 분들의 정치적 입장이나 선거 과정에서의 태도 때문만은 아닙니다. 정치나 인간사에 그런 일이 어디 한두 가지이겠습니까. 제가 당혹스럽게 생각하는 것은 평가의 대상과 주체가 혼동되고 있다는 점 때문입니다.

이는 심각한 문제입니다. 개인적으로 선거결과에 대해 송구함을 가진 것과 별개의 문제입니다. 평가는 객관적이어야 합니다. 그래야만 그 평가는 새로운 발전의 계기로 제공될 수 있습니다. 객관적 데이터나 근거가 없는 인상비평 수준의 평가나 정치적으로 각색된 정파적 평가로는 의미 있는 결과를 이끌어낼 수 없습니다.

그러면 어떻게 객관적 평가가 가능할까요. 가장 기본적인 것은 평가의 주체와 대상을 명확히 하는 것입니다. 평가의 대상이 평가의 주체가 되려 하거나 평가의 주체가 그 역할을 제대로 하지 못할 때 의미 있는 평가는 어려워질 것입니다.

'친노 책임론'은 평가 주체와 객체가 혼동되어 있습니다. 지난 대선에서 선거운동의 주체는 민주당입니다. 따라서 1천4백만의 지지표를 담아내 승리를 일궈내지 못한 것은 민주당 자신입니다. 물론 정치적, 조직적 입장에 따라 역할이 다를 수 있고, 그에 따라 책임의 경중은 있을 수 있습니다. 그런 차이로 자신은 평가의 대상이 아니라 주체라고 생각하는 것은 책임 회피에 불과합니다. 평가의 대상은 민주당 모두입니다.

그러면 민주당을 평가하는 주체는 누구일까요. 그 주체는 민주당 내부의 계파가 아니라 바로 1천4백만이 넘는 지지자여야 한다고 생각합니다. 이들의 평가를 모아내는 것이 바로 민주당이 혁신하는 과정이고 새롭게 태어나는 과정입니다. 민주당을 평가하고 혁신할 주체는 다름 아닌 1천4백만의 지지자이기 때문입니다.

모호한 '친노' 담론

소위 '친노 책임론'에는 '친노' 담론('친노'에 대한 비판적 담론)이 중심에 자리하고 있습니다. 그러나 '친노'가 구체적 인물들을 얘기하는 것인지, 아니면 노무현의 개혁적 가치에 동의하는 시민정치세력과 가치를 지칭하는 것인지 명확하지 않습니다. '친노 책임론'을 얘기하는 대부분 사람들도 이 부분에 대해 명확하게 얘기하지 않습니다.

과연 '친노'가 누구일까요. 문희상 민주당 비대위원장이 말했던가요? "노무현 대통령 안 팔고 국회의원 된 사람 있나"라고. 그럼 민주당 국회의원 모두가 친노입니까? 그러면 노무현 대통령 초대 비서실장을 지낸 문희상 비대위원장은 친노입니까 아닙니까?

486 정치인들은 '친노'라 할 수 있을까요. 아마도 이들에게 물어보면 많은 분들이 고개를 가로저을 것입니다. 사람에 따라 다르겠지만 대체로 이들은 오히려 소위 '친노'에 대해 부정적입니다. 제가 홍보처장 재직 시 가장 가슴 아팠던 것도 이들 정치인 중에 일부가 노무현 정부에 대해 오히려 적대적 태도를 보였을 때였습니다.

그렇다고 민주당 당직자들이 '친노'에 의해 점령된 것입니까? 정당 내부를 아는 사람은 절대 동의하지 않을 것입니다. 솔직히 얘기하면 그 반대일 것입니다. 그렇다면 도대체 '친노'의 실체는 어디에 있고 누구란 말인가요? 물론 소수의 참여정부 청와대 출신의 국회의원들이 있습니다. 그렇다고 이들이 실권을 쥐고 있거나 주류를 형성하고 있는 것도 아닙니다.

혹자는 유명 정치인들 몇 분을 얘기할 것입니다. 그러나 그분들은 이미 원로로서 당내 의사결정과정에서 벗어나 있습니다. 또 일부 부적절한 처신을 한 분도 없지 않을 것입니다. 하지만 이런 분들이 '친노'의 전체를 대변한다고 할 수 없습니다. 이런 점에서 누구의 평가처럼 구체적으로 적시하지 않는 한 민주당 내에 '친노' 실체가 없다고 생각합니다.

이와는 별개로 사회적으로 정치개혁을 요구하는, 노무현 대통령의 가치에 동의하는 광범위한 시민정치세력이 실체로서 존재하고 있습니다. 그렇다면 '친노 책임론'은 이들을 대상으로 하는 것인가요? 만약 그렇다면 이들에게 책임을 묻는다는 것인데, 그것이 과연 옳은 태도이며 가능한 일인가요? 오히려 그들이 민주당에 책임을 물어야 하는 것 아닌가요?

'친노'프레임의 노림수 : 시민을 배제하는 정치

더 심각한 문제는 '친노'담론은 당내 권력투쟁에만 매몰될 뿐 정치의 발전적 전망을 외면하는 담론이라는 점입니다. 애초 '친노'담론은 당내에서 권력투쟁을 위해, 보수 언론과 조응해 만들어진 것입니다. 정확히 말하면 오늘날 민주개혁 정당의 발전적 전망을 담지한 담론이라기보다 민주당 내의 파당적 이해를 관철하기 위한 수단일 뿐입니다.

현재 야권 정당들이 겪고 있는 위기의 핵심은 '대표성의 위기'입니다. 그렇다면 정치투쟁은 어떻게 하면 '대표성의 위기'를 넘어 '더 많은 참여와 더 많은 민주주의'를 이룩할 것인가에 모아져야 할 것입니다. '더 많은 참여와 더 많은 민주주의'를 통해 새로운 정치문화와 소통수단을 겸비한 새로운 정치세력을 형성해갈 것인가를 고민해야 할 것입니다.

'친노'담론은 바로 이런 문제의식을 은폐하고 오히려 '시민 참여 배제 정치'를 통해 자신의 정치적 이익을 극대화하려는 시도일 뿐입니다. 보수언론과 함께 허구적 '친노'담론을 통해 얻게 된 정치적 효과도 바로 그것입니다. 즉 정당의 기득권 속에 숨어 개혁적 시민의 참여를 배제하자는 것입니다.

우리 사회는 87년 이후 새로운 정치세력이 형성되었습니다. 인터넷을 새로운 소통수단으로 무장한, 민주화와 세계화를 통해 형성된 진보적 자유주의 세력이 광범위하게 형성되었습니다. 이들은 노무현 정부를 창출하면서 정치적으로 참여를 희망하는, 그러나 기존의 정당으로는 대변되지 못하는 시민정치세력을 형성했습니다.

이들은 대체로 노무현의 가치에 동의하고 있습니다. 심지어 참여정부에 대한 비판적 입장을 가진 경우에도 노무현의 가치에 대해서는 인정하고 있습니다. 이들은 정당 외부에서 정치개혁을 희망하는, 우리 사회에서 가장 개혁적인 세력입니다. 바로 이들 세력의 존재가 현재 정당의 위기를 가져오고 있는 핵심입니다.

박원순, 문재인, 안철수로 이어지는 일련의 현상은 바로 이러한 진보적 자유주의 세력이 만들어 낸 정치적 결과들입니다. 기존의 정당 정치가 '시민 배제 정치'에 안주함으로써 시민정치세력은 정당 외부에서 대안적 리더십을 찾게 된 것입니다. 기존 정치에 대한 시민들의 '반격'인 셈입니다.

현재 민주당의 위기는 정치 참여를 희망하는 새로운 정치세력들의 가치를 담아내지 못함으로써 야기되는 '대표성의 위기'입니다. 따라서 정치개혁의 핵심은 이들 시민정치세력을 어떻게 정치세력으로 제도화할 것인가에 모이는 것입니다. '더 많은 참여'와 '더 많은 민주주의'를 통해 이들의 정치적 참여를 제도화하느냐가 관건이 될 것입니다.

모바일 경선도 바로 이런 문제의식에서 나온 것입니다. 직접 민주주의를 강화하자는 주장도 같은 맥락에서 나온 의제들입니다. 기존의 정당체계를 넘어서는 새로운 정치결사체가 필요하다는 '국민연대' 주장도 그 연장선에 있는 주장입니다. 이들 모두 정당의 시민적 토대를 강화하는 새로운 민주주의의 대안을 통하지 않고서는 현재 민주당의 위기를 넘어설 수 없다는 생각에 따른 것입니다.

민주당이 사는 길과 죽는 길

'친노'담론은 바로 이런 문제의식을 은폐하는 기만적 담론입니다. '친노'담론은 정당의 대표성 위기, '더 많은 참여와 더 많은 민주주의'에 대한 요구를 민주당 내의 계파적 논의로 격하시켜 그 본질을 은폐하는 결과를 만들어 내고 있습니다. 의도한 것이든 의도하지 않은 것이든, 정당 위기에 대한 본질적 질문에 대응하기보다, 시민정치세력을 배제하고 민주당 내부의 이익 배분으로 왜곡하는 결과를 만들어 내고 있습니다.

물론 '더 많은 참여'와 '더 많은 민주주의'를 위해 통합도 해봤고 야권연대도 해봤다고 항변할지 모릅니다. 그것 또한 역시 계파정치에 매몰되지 않았냐고 반문할지 모릅니다. 그러나 그것도 잘 들여다보면 대부분 정치적 인물의 영입에 불과할 뿐 정당의 의사결정 구조까지 바꿔내지 못했습니다. 물론 당사자들이야 서운할 수 있겠습니다만, 시민운동 지도자들의 정치 참여는 시민들의 참여를 어떻게 제도화할지에 대한 근본적 고민이 부재했습니다.

문제는 역시 민주당 외부에 존재하는 개혁적 시민세력이 지금의 민주당에 참여하기를 거부한다는 것입니다. 지금 민주당의 '의사결정 구조'로는 참여해본들 의미 있는 변화를 이뤄낼 수 없다는 생각 때문입니다. 따라서 이들을 민주당에 참여시킬 수 있는 제도(게임 룰)가 관건이 될 것입니다. 안철수 의원의 민주당 영입으로 이 문제를 해결할 수 있다고 생각한다면 완전히 핵심을 벗어난 진단입니다. 안철수 의원이 '다행히' 민주당으로 오든 아니면 '불행하게도' 오지 않든 그것이 문제 해결의 본질이 아닙니다. 핵심은 시민정치세력의 참여를 어떻게 제도화하기 위해 결정권을 배분하는 게임 룰의 혁신입니다.

민주당은 이 부분에 대해 본질적 대답을 내놓지 못할 때 존립이 위협받게 될지도 모릅니다. 1천4백만을 넘어서는 지지자들의 평가를 모아내는 것 또한 이들의 참여를 제도화하는 과정에 대한 논의 없이는 불가능할지도 모릅니다.

유신의 망령이 한국을 배회하고 있다

은사를 치도곤한 유신정권

'유신'을 기억하는 결정적 사건이 하나 있습니다. 대학 2학년 때였습니다. 학과 선배 한 분이 유인물을 뿌리고 구호를 외치다 대학 내 상주하던 정보경찰에게 체포됐습니다. 그 선배는 분쟁지역 전문기자가 됐는데, 지금은 무얼 하는지 알 수 없습니다.

본격적인 기억은 그 다음부터입니다. 칸트를 전공한 원로 교수님께서 수업시간에 이를 비판했던 것입니다. 그분은 TK 출신이었지만, '대학은 자유와 진리의 전당이고 어떤 주장이나 사상도 자유롭게 토론되어야 한다'는 생각을 가진, 아카데미즘을 철저하게 옹호하는 분이었습니다.

비판의 요지는 이랬습니다. "젊은 학생들이 권력을 비판할 자유가 있다. 정보과 형사들 수백 명이 학교에 상주하고, 권력을 비판한 학생을 잡아가는 것은 독재다."

그런데 수업이 끝나고 그 선생님이 갑자기 사라졌습니다. 학생들이 찾아 나섰지만, 흔적조차 찾을 수 없었습니다. 몇 시간 후 연구실에 계신다는 소문에 제자들이 부랴부랴 달려갔습니다. 그러나 선생님께서는 "몰골을 보이기 싫다"며 얼굴을 외면했습니다.

몇 년이 지난 후 선생님이 암으로 돌아가시기 직전 병원으로 문병을 갔습니다. 그런데 이번에도 초췌한 얼굴을 보이기 싫다며 면회를 거절했습니다. 대학 시절, 제자들에게 얼굴을 감추던 모습이 생각났습니다.

박근혜 인사는 '유신 스타일'

저희 세대에게 유신정권은 이렇게 기억되고 있습니다. 수업시간에 정권을 비판했다고, 그것을 감시하는 것은 물론 교수를 잡아가 치도곤을 하는 정권.

정치학자들은 박정희 정권을 '개발독재'라고 합니다. 경제성장을 권력 정당화의 근거로 삼고, 권력은 경제성장을 위해 사회적 자원을 총동원하기 위해 독재를 휘둘렀다는 것입니다. 다시 말해, 잘 먹고 잘 살게 해주기 위해 개인의 자유와 권리가 일정 부분 유예되거나 침해되어도 상관없다는 것입니다. 정책 결정과정에 시민들이 참여하는 것은 생각조차 할 수 없었습니다. 모든 반민주적 독재는 '국민을 위한다(爲民, for the people)'는 명분으로 정당화될 수 있었습니다.

지금과 비교하면 이게 어떻게 가능했는지 알 수 있습니다. 박정희는 청문회 없이 국무총리, 장관, 대법원장과 대법원 재판관, 감사원장, 검찰총장, 경찰청장을 임명했습니다. 도지사, 시장, 군수도 물론입니다. 심지어 국회의원의 1/3도 직접 임명했습니다. 시민들의 참여나 동의와 상관없이 박 대통령의 '지시와 명령'에 의해 모든 것이 집행됐으며, 이들의 비리나 실정은 오직 정보기관과 검찰에 의해 통제되거나 관리될 뿐이었습니다.

따라서 사회적 강제력을 갖는 군인과 검찰, 지시명령이 집행되는 통로인 관료들이 유신정권의 매우 중요한 권력 자원일 수밖에 없었습니다. 상층 정치 엘리트들도 결국 군인, 검찰, 공무원으로 채워졌습니다.

이쯤 되면, 박근혜 당선자가 왜 지금 검찰, 군인, 공무원들을 선호하는지 금방 눈치채셨을 겁니다. 제가 평화방송과의 인터뷰에서 이미 박근혜 대통령의 인사는 '유신 시대 인사'라고 말씀드린 적이 있습니다. 이런 대목을 두고 드린 말씀입니다.

중요한 것은 이미 우리 사회가 유신 시대와는 근본적으로 다른 사회적 상상력을 갖고 있다는 점입니다. 지금도 박정희와 육영수의 사진을 휴대폰 전화 고리에 달고 다니는 국방부 장관, 국가보안법 해설서를 펴내는 법무부 장관 등으로 과연 우리 시대와 소통해 나갈 수 있을까요. 언론은 이를 '불통'이라고 합니다만, 제가 볼 때 '낙후된 의식'의 산물입니다.

또 야권 지지자를 '종북'으로 저주했던 윤창중을 인수위 대변인으로 선정하거나, 이동흡 헌재소장 처리 과정을 보면서 박 당선인의 심중이 어디로 쏠리는지 금방 눈치챘을 겁니다.

아마 박 당선인의 '통치' 경험이 유신 시대였기 때문인지 모르겠습니다. 아버지의 명예회복을 위해 정치를 하는 그로서는 과거의 복원이 그의 목표이기 때문일지 모르겠습니다.

'권력 사유화' 극복할 수 있나

이보다 훨씬 심각한 문제가 있습니다. '권력의 사유화'를 어떻게 극복할 것인가 하는 점입니다. 유신 시대에 이뤄진 헌법의 훼손, 인혁당과 정수장학회 등의 사건이 보여준 권력의 폭력적 사용은 '권력 사유화'의 전형이었습니다.

이후 전두환과 노태우, 그리고 이명박 대통령에 이르는 일련의 아류들도 집권을 통해 공적 자원의 사유화를 꾀했습니다. 특히 이명박 대통령은 공적 가치를 가족과 가신, 그리고 특권집단을 위해 사용한 권력 사유화의 추악한 모습을 보여주었습니다.

사실 권력의 사유화는 한국 보수정권의 독특한 경향입니다. 영국의 보수당은 위기 때마다 자신을 지지하는 계층의 이해를 포기하고 공적 가치 중심으로 개혁을 추진해왔습니다. 대신 진보는 대체로 개인의 자유와 권리를 강조하는 방향으로 발전해 왔습니다.

이렇게 보면 한국에서 보수를 자처하는 새누리당은 보수조차 될 수 없는 특권 정당일 뿐입니다. 박근혜 대통령이 진정 유신 시대를 반성하고 진정한 보수정권을 만들려면 공적 가치, 즉 공공성을 다시 확인, 확립하는 과정이 필요합니다.

시민들은 박근혜 당선인을 양면적으로 전망합니다. 하나는 가정도 없고, 신세를 진 세력도 없는 만큼 권력을 사유화하지 않고, '국가와 민족(?)'을 위해 헌신할 것으로 기대합니다. 다른 하나는 유신의 경우처럼 권력을 개인의 재산쯤으로 생각하지 않을까 하는 우려입니다.

다시 말해 박 당선자가 '국민과 민족(?)'을 위한다는 명분 하나로 어떤 결정을 해도 국민은 따라야 하고, 그것에 반대하는 어떤 의견도 경청할 가치조차 없는 것으로 몰아붙이지 않을까 하는 우려입니다. 특히 이런 독단적 결정이 대부분 특정집단, 특히 기득권 카르텔을 위한 것일 가능성이 높아 더욱 그렇습니다. 이미 박 당선인의 지지율이 최근 대선 득표율을 밑돌고 있는 것은 최근 인사에서 이런 모습이 드러나지 않았나 하는 우려와 불만이 반영되었기 때문입니다.

국정원 부정선거 단호하게 대응해야

그런 만큼 박 대통령이 취임 후 가장 먼저 해야 할 일은 이명박 정부의 권력 사유화 요소, 그리고 선거 과정에 헌정질서를 훼손한 부분에 대해 분명히 정리하고, 시민들에게 공적 가치를 견지할 것이라는 믿음을 주는 일입니다.

첫째, 부정선거 의혹에 대해 열린 자세로 수용할 필요가 있다고 봅니다. 수 십만 명이 지금까지 수개표를 주장하고 있습니다. 물론 저도 의도적인 부정이 있었다고 보지 않습니다. 또 수개표를 한다고 해서 결과가 번복될 가능성도 전혀 없다고 봅니다. 지금 거론되고 있는 여러 증거도 의혹을 제기할 수는 있지만, 부정의 직접적 증거는 아니라고 생각합니다.

문제는 이들이 여전히 정치공작에 대한 의구심을 갖고 있다는 점입니다. 이는 유신정권의 정치공작 이미지, 그리고 이명박 정부의 권력사유화 경험 등이 박 대통령에게 이어지고 있기 때문입니다.

박 당선인은 이런 의혹과 이미지로부터 단호히 단절할 필요가 있습니다. 이를 위해 선거 부정 의혹에 대해 당당한 대응이 필요합니다. 노무현 대통령도 당시 한나라당 부정 의혹에 대해 재개표를 받아들여 이후 논란의 여지를 없앴습니다. 이 부분을 제대로 대응하지 못하면 앞으로도 부정선거 이미지에서 벗어날 수 없는, '억울한(?)' 상황이 지속할 것으로 예상합니다.

둘째, 국정원 선거개입 의혹에 대해선 특히 단호한 조치가 필요합니다. 앞에서 언급한 것처럼, 박 당선인은 불가피하게 정치공작, 권력의 사유화를 자행한 유신의 기억에서 벗어나지 못합니다. 선거 과정에 국정원의 선거 개입 의혹을 '여성의 인권 침해'로 호도하기도 했습니다.

이에 대해 단호하게 대처하지 않을 경우 시민들은 박 당선인을 보면서 여전히 유신의 기억을 떠올릴 겁니다. 더욱이 이런 공작정치에 너그럽게 대응할 때, 정보조직은 물론 관료조직도 정치공작에 무신경해질 뿐 아니라 이를 조장할 수도 있습니다. 이는 이명박 정부에서 민간인 사찰로 이미 경험한 바 있습니다.

이명박 정부와 확실히 차별화해야

마지막으로 이명박 정부의 실정에 대해 단호한 조치가 필요합니다. 박근혜 정부가 공적 자원을 철저하게 사유화한 이명박 정부와 달리 공공성을 중심으로 정부를 운영하겠다는 확실한 메시지를 주어야 할 것입니다. 이미 인사과정에서, 그리고 이런저런 의혹에 대응하는 방식에 대해 시민들은 공적 가치가 과연 견지될 것인지 의구심을 갖고 있습니다.

이명박 정부는 기본적으로 공적 가치에 대한 이해가 없었습니다. 노무현 대통령에 대한 정치탄압, 4대강 사업, 민간인 사찰, 친인척 비리, 종편특혜, 용산철거민 폭력진압, 그리고 국정원 선거개입 의혹 등

일일이 열거할 수 없을 정도입니다. 이들 사건을 공공성을 회복하는 방향으로 제대로 평가, 정리하는 일은 우리 사회는 물론 박근혜 정부의 성공을 위해 꼭 필요한 일이라 생각합니다.

이 모든 일을 박 당선인의 개인적, 인적 통치를 통해 해결할 수 있다고 생각하면 큰 착각입니다. 이미 총리, 장관 등의 인사에서, 언론을 대하는 태도에서 인적 통치 방식이 두드러지고 있습니다.

과거 유신 시절에는 모든 권력이 대통령에게 집중되어 있었고, 사회가 지금보다 단순해 대통령에 의해 관리, 통제될 수 있었습니다. 그러나 지금 우리 사회는 그때보다 훨씬 분화되었을 뿐 아니라 다원화되었습니다. 그런 만큼 우리 사회의 각 분야는 나름의 전문가들에 의해 주도되고 있으며, 그 권한 또한 분권화되어 있습니다.

그런 만큼 이제 사회정치적 문제가 지시명령에 의한 지도자 한 개인의 인적 통치로 해결될 수 있다고 생각하는 것은 착각입니다. 어느 지도자도 성공하려면 '시스템에 의한 협치'를 이해하고 받아들여야 합니다. 구조적으로 분화되고 분권화된 사회는 각 분야의 민주적 협의는 물론, 시스템에 의한 통치로의 전환이 필요합니다.

군, 검, 관료 중심의 국정운영, 권력의 사유화, 1인 중심의 의사결정구조는 반드시 박근혜 정부의 실패로 이어질 것입니다. 지난 이명박 정부의 실패가 얼마나 많은 어려움을 줬는지 온 국민이 뼈저리게 경험했습니다. 박근혜 정부가 출범하기도 전에 이런 비판의 칼럼을 쓰는 이유도 바로 여기에 있습니다.

(이 글은 필자가 지난 2012년 2월 박근혜 당선자의 대통령 취임 이전에 블로그에 올린 글입니다/편집자)

시민정치운동 위한
직접민주주의를 제안한다

사례1

지난 2012년 4.11총선에서 대부분의 후보는 국회와 정당을 개혁해 국민의 요구에 부응하는 정치를 하겠다고 약속했다. 국회의원들은 세비나 연금 등을 반납하는 등 기득권 포기를 약속했다. 그러나 국민들은 개원협상부터 정파 간의 이해 때문에 소모적인 싸움을 하고 있다고 생각했다. 일회적 행위로 정당, 의회가 신뢰받을 수 있다고 생각하지 않는다. 야권은 통합을 통해 새로운 면모를 보여주겠다고 약속했지만, 그 결과는 과거와 다르지 않은 모습이었다. 의원들 개개인이 능력이 없거나 불성실한 것도 아니다. 과거와 달리 권한도 많이 줄었고 의정활동의 일거수일투족이 공개돼 국회의원의 의정활동도 시민운동과 같은 투명성을 요구받고 있다. 그래도 시민들은 정당을 믿지 않는다. 무엇을 어떻게 해야 할까.

사례2

시민 A씨는 오늘 저녁도 촛불시위에 나간다. MBC 파업을 지지하는 콘서트에 참여하기 위해서다. 2008년 미국 소고기 수입 반대를 위한 촛불 시위에 참석하면서부터 이명박 정부 내내 주요 시위에 참여했다. 종합편성 채널 반대, 반값등록금 투쟁 등 수 많은 촛불 시위에 가담했다. 그러나 이젠 지쳤다. 하던 사업도 거의 접다시피 했다. 촛불시위에 나오거나 서명전에 나선다고 문제가 해결되지 않는다는 것을 잘 안다. 수많은 서명에 참여했지만 아무런 효과가 없었다. 오로지 할 수 있는 일이란 선거에서 모바일 투표에 열심히 참여해 그나마 나은 후보를 지지하는 것이었다. 그러나 결과는 마찬가지였다. 새롭게 구성된 야권은 예전의 모습과 크게 다르지 않음을 보여주고 있다. 이제 시민 A씨는 무엇을 어떻게 해야 할 것인가를 근본적으로 고민하고 있다.

핵심은 정당의 대표성 위기

위의 두 가지 상황은 다름 아닌 '정당의 위기'에서 비롯된 것입니다. 대의제에 기초한 한국의 정당은 지금 심각한 대표성의 위기에 직면하고 있습니다. 정치적 의사를 표현하는 세력은 확대되고 있지만, 정당은 이들을 담아내는데 근본적 한계에 직면하고 있습니다. 시민 정치 세력은 SNS 만큼도 기존의 정당이 자신의 정치적 의사를 대변하지 못한다고 생각합니다.

정당의 핵심기능 중에 하나가 '공직 후보자 추천'입니다. 그러나 이미 정당은 그 역할을 제대로 수행하지 못한 지 오래됐습니다. 이미 몇 차례 대통령 선거에서도 정당경력보다 다른 사회적 경력을 선호하고 있습니다. 박원순 시장의 당선은 다름 아닌 정당의 대표성 위기의 핵심을 보여주었습니다. 2012년 대선의 유력한 야권후보들도 오랜 정당생활보다 정당 외부에서 주로 활동해왔던 인물들입니다.

대안정당 모색도 일종의 정당의 위기의 한 표현이라 할 수 있습니다. 특히 기존 정당의 지역주의적 한계를 지적하면서 대안 정당이 창당되거나 야권 통합을 시도하기도 했습니다. 하지만 이들도 기존의 정당이 부딪히고 있는 한계를 넘어서지 못했습니다. 최근 여러 정당의 창당 실험들이 그 한계에 봉착하고 있는 것은 부인할 수 없는 현실입니다. 이는 정당의 대표성 위기가 정당의 방식으로 극복될 수 없음을 보여주는 것이기도 합니다.

정당통합으로도 그 위기가 해결되지 않는다는 것을 경험했습니다. '세력교체'의 관점이 빠진 정당 통합운동은 결과적으로 몇 명의 국회의원을 만들어 냈을 뿐 오히려 기존 정당의 한계 속에 포획되어 버렸습니다.

현재 정당구조로는 정당의 한계를 넘어설 수 없어

대안정당 창당이나 정당통합이 성공하지 못한 것은 다름 아니라 기존의 정당의 방식으로는 현재의 정당의 위기를 극복할 수 없다는 것을 의미합니다. 기존 정당의 구조로는 정치개혁의 과제를 수행하거나 새로운 정치적 소통방식과 권력을 창출해내는 창조적 역할을 할 수 없다는 것입니다.

그렇다고 정당이 중요하지 않다는 것은 아닙니다. 앞으로도 여전히 정당은 정치운동의 중심적 역할을 해야 하는 것은 물론입니다. 중요한 것은 현재 직면한 정당의 위기가 현재 정당의 구조로는 결코 쉽게 해결되지 않는다는 것입니다.

이런 시도가 정당정치를 부정하고 운동정치만을 옹호하는 것이 아님은 물론입니다. 한국 현대사에서 정당정치와 운동정치가 이분법적으로, 상호배타적으로 진행되어오지 않았습니다. 정당정치는 운동정치를 통해 대표성 위기를 넘어섰고, 정당 외부의 새로운 세력의 참여와 개혁을 통해 정당의 대표성은 강화되었습니다. 운동의 정치를 배제하고 위기에 직면한 정당정치의 방식으로 정당의 위기를 극복할 수 있다고 말하는 것은 잘못된 전제의 오류를 범하는 것과 마찬가지입니다.

세계사적으로 보면 민주주의 위기는 언제나 더 많은 참여를 통해 극복되었습니다. 노동자들의 정치참여가 민주주의를 새로운 단계로 비약했고 여성들의 선거권 획득이 민주주의 기반을 확충했습니다. 인종, 지역, 학력, 소득의 차이를 넘어 보통선거권을 부여하는 것 자체가 더 많은 참여와 더 많은 민주주의를 확보하려는 세계사적 투쟁의 결과였습니다.

정당정치의 복원은 '더 많은 참여와 민주주의'로 가능합니다

'87년 이후 우리 사회에는 새로운 세력이 형성되었습니다. 우리 사회에는 계급운동을 중심으로 하는 정치세력, 지역주의를 기반으로 하는 정치세력 등이 여전히 주요한 정치적 결정력을 지니고 있습니다. 그럼에도 불구하고 '87년 이후 새롭게 형성된 자유주의적 진보주의 세력은 새로운 정치개혁의 동력으로 부상했습니다.

이들의 정체성은 기존의 가치체계로 분석하면 양가적이거나 심지어 이율배반적이기도 합니다. 민족주의를 지키면서도 글로벌 가치를 옹호합니다. 분단과 세계화를 동시적으로 인정합니다. 개인의 자유를 매우 가치 있게 생각하지만 동시에 공동체적 가치(정의, 공정, 공존, 생태, 복지 등)가 우리 사회의 중심이 되어야 한다고 생각합니다. 시장의 동력을 적극적으로 인정하지만 동시에 분배적 정의 또한 중요한 가치로 삼아야 한다고 주장합니다.

새로운 정치세력은 언제나 새로운 소통양식과 운동방식을 창출합니다. 자유주의 진보 세력은 자신들의 정치적 의사표현을 기존의 정당보다 SNS를 통해 결집하고 행동화합니다. 이제 정당이 아니라 SNS가 그들의 정치적 의사와 행동을 결집하는 중심에 자리 잡고 있습니다.

문제는 이들 새로운 정치세력이 여전히 기존 정당 외부에 머물러 있다는 점입니다. 이번 4.11 총선을 계기로 몇몇 시민운동 지도자들은 정치권으로 존재 이전을 했습니다. 그러나 이 새로운 정치세력들은 여전히 정당으로부터 배제되고 있습니다. 과거와 같이 지역주의나 반공주의가 이들을 배제하고 있는 것도 아닙니다. 큰 정당이든 작은 정당이든 정당 구조 자체가 이들과의 소통과 참여를 차단하고 있습니다. 현재의 정당구조 아래서는 큰 정당이든 작은 정당이든 모두 제도의 기득권에 안주하고 있다는 점에서 다를 바 없습니다. 그것은 다름 아닌 현재 우리 정당이 지니고 있는 배제의 구조 때문이라 할 수 있습니다.

민주당의 4.11총선에서 모바일 경선은 비록 동원선거였다는 평가를 받았음에도 그 방향성에서는 옳았다고 봅니다. 시민들은 자신들이 배제된 상층 정치협상을 거부합니다. 과거의 밀실 담합이 아니라 시민과 소통하고 참여하는, 시민과 더불어 이뤄지는 정치적 과정을 희망합니다. 이는 더 많은 참여와 더 많은 민주주의를 통하지 않고서는 이뤄질 수 없는 정치형태입니다. 이런 희망을 반영해 더 많은 참여와 더 많은 민주주의를 이뤄낼 때만 정당의 대표성 위기를 넘어설 수 있습니다.

세력교체 없는 정권교체 없습니다

4.11 총선은 세력교체가 주요한 과제로 주어진 선거였습니다. 기존의 계층적, 지역적 동원구조를 넘어 '87년 이후 새롭게 형성된 자유주의적 진보세력을 주요한 정치세력으로 세력교체하는 일이 주요한 과제였던 선거였습니다. 그러나 야권은 이런 '세력교체'에 대한 인식이 철저하지 못했습니다. 지금의 결과가 보여주듯 소수 시민운동 명망가들의 의회진출을 제외하면 기본적으로 17대 국회와 크게 다르지 않습니다.

정권교체란 구태의연한 세력들의 연대만으로 결코 성공할 수 없습니다. 정권교체에는 새로운 세력, 소통 및 정치양식의 등장을 수반합니다. 이런 변화 없이 설령 대세를 이루고 있다 하더라도 그것은 곧 쉽게 허물어질 수밖에 없다는 것을 우리는 수없이 경험했습니다. 특히 주류 보수세력이 아닌 진보개혁적 소수파들에겐 더욱 그러합니다. 김대중 정부의 탈 지역적 집권이 그랬고, 노무현 정부의 탈 권위적 집권 또한 새로운 세력과 소통방식이 있었기 때문에 가능했습니다.

그러나 4.11 총선에서 민주당을 비롯한 야권은 이해관계 배분을 위한 단순 연대에만 매몰돼 세력교체의 관점을 견지하지 못했습니다. 이는 특정 팬클럽 지도자를 공천하느냐의 문제로 좁혀질 수 있는 문제가 아닙니다. 또 진보정당 간의 통합에서도 이런 세력교체의 의미를 제대로 이해하지 못함으로써 지금과 같은 파국을 맞고 있습니다. 특히 진보정당 간의 통합은 진보 이념의 재구성을 비롯한 기존의 폐쇄적 진보의 자기 혁신을 의미하는 것이기도 합니다.

특히 진보 개혁적 야당의 경우 이 새로운 소통양식을 바탕으로 하는 새로운 정치세력을 창출하지 않을 때에는 집권할 수 없습니다. 설령 집권한다더라도 제대로 된 집권이 어려울 것입니다. 새로운 정치적 상상력과 비전을 가진 세력의 창출은 진보개혁 진영의 역량 강화를 의미하는 것이기도 합니다.

집권 이후 보수적 논리로 움직이는 제도권력(법조, 교육, 언론, 경제, 종교 등)을 개혁하기 위해 집권의 공고한 기반을 갖는 것은 무엇보다 중요합니다. 우리는 지난 민주정부 10년간 왜 허약한 집권을 할 수밖에 없었는지, 나아가 그것을 넘어서기 위해 어떤 노력이 필요한지 성찰해야 합니다.

이미 경제민주화에 대한 요구의 목소리가 높아지고 있는 가운데, 시장권력은 반격을 시작하고 있습니다. 이런 상황에서 정치세력의 기반을 공고화하지 않으면 다음 정부는 경제민주화를 제대로 추진하기 어려울지도 모릅니다. 정당의 대표성 위기를 넘어 강화되지 않으면 정당이 제도권력을 개혁해 나갈 동력을 갖지 못할 것입니다.

어떻게 시민들의 참여를 제도화·일상화할 것인가

핵심은 더 많은 시민의 정치적 참여를 제도화하는 것입니다. '87년 이후 형성된 자유주의적 진보세력들이 길거리에서 소모하고 있는 투쟁역량을 제도 속에 합리화할 필요가 있습니다. 정당정치 외부에서 움직이고 있는 각성한 시민정치세력의 참여가 제도 안에서 반영될 수 있도록 그들에게 합법적 공간을 제공해야 합니다.

TV 프로그램 '나가수'를 비롯한 오디션 프로그램은 우리 정치에 많은 것을 일깨워주었습니다. 시민의 선택을 소수가 밀실에서 배반하는 정치구조는 더 이상 감동을 줄 수도, 존립할 수 없다는 것을 알려줬습니다.

더 많은 시민의 참여를 제도화한다는 것은 현상적으로는 기존의 정당과 시민정치운동의 결합을 의미합니다. 이는 기존 정당이 배제의 구조를 넘어 시민정치 공간으로 확장하는 것과 아울러 시민정치운동의 제도화가 동시적으로 이뤄지는 과정이기도 하다. 또 정치운동과 시민정치운동의 융합 공간을 확장, 발전시키는 일이기도 합니다.

이는 정파나 계파의 정치를 넘어 새로운 정치모델을 창출하는 것이기도 합니다. 개개인의 입장에서는 새로운 형태의 정치적 실존형식을 창출하는 과정이기도 합니다.

마찬가지로 기존의 시민정치운동도 자신의 관념적 과격성과 모험주의를 넘어서는 동시에 최소한의 활동으로 제도 안에서 최대한의 효과를 거둘 수 있는 장치를 마련하는 것입니다. 노사모를 비롯한 촛불, 국민의 명령, 미권스 등 팬클럽 운동이거나 명망가 운동이었을 뿐 이들의 동력을 제도화시키는데 실패했습니다.

직접 민주주의 요소를 강화해야

그렇다면 어떻게 이들 시민정치세력의 참여를 제도화할 것인가. 어떻게 더 많은 참여를 통한 더 많은 민주주의를 이뤄낼 것인가. 어떻게 정당의 대표성 위기를 넘어 새로운 정치세력을 형성, 진보개혁 세력의 공고한 정치적 기반을 형성할 것인가. 그리고 실질적 집권을 통해 우리 사회의 개혁을 이뤄낼 수 있을까.

그 답은 직접 민주주의 강화에 있다고 봅니다. 이미 정당들은 이같은 직접 민주주의 요소를 도입하고 있습니다. 지난 서울시장 보궐선거에서 국민경선을 통해 야권 후보를 선출했고, 민주당의 경우 당 대표 등 주요 당직 선출에서 이미 국민참여경선이 일반화되고 있습니다. 정당의 고유한 권한이 '공직 후보 추천권'과 '입법권'이라고 한다면, 공직 후보 추천과 관련해서는 이미 시민들의 직접적 참여가 점차 확대되고 있습니다. 물론 부작용이 없지 않지만, 이같은 직접적 참여는 물론 SNS의 기반이 확충됨으로써 가능한 일입니다.

심지어 정당들이 '국회의원 소환'을 가능토록 법제화하겠다고 나서고 있습니다. 국회에 집중된 법안 발의권을 시민들에게 개방해 그들의 참여를 가능케 할 수 있습니다. 국회나 정당이 독점하고 있는 권한을 시민들과 공유함으로써 정당과 시민정치세력의 결합 공간을 창출할 수 있는 것은 물론, 새로운 정치세력을 형성해 자기 혁신 동력이 부재한 정당을 개혁해나갈 수 있을 것입니다. 시민정치운동도 기존의 소모적 운동의 정치를 넘어 제도 속에서 체제 전환노력이 가능해질 것입니다.

더 많은 민주주의가 핵심

미래의 비전과 관련해서도 더 많은 민주주의는 매우 중요한 과제 중 하나입니다. '87년 체제는 '탈권위주의'와 '시장의 자유화'로 요약할 수 있습니다. 이같은 '87년 체제는 민주주의 확대를 가져왔지만, 동시에 시장의 권력화를 낳았습니다. 시장의 자유화가 일정 부분 경제의 성장 동력으로 작동하기도 했습니다. 하지만 결국 시장이 권력화함으로써 시장은 실패했고 그 실패가 바로 IMF를 낳았습니다. 그리고 그것도 결국 시장에 더 많은 권력을 부여해주는 방식으로 극복하려 했습니다.

현재 정당의 대표성 위기도 이런 시장의 권력화를 정치가 제어하기보다 오히려 포획된 것에서 비롯되었습니다. 따라서 앞으로의 체제 핵심은 '시장으로 넘어간 권력'을 민주적으로 통제하는 것이고, 그것을 '경제 민주화'라 할 수 있을 것입니다. 문제는 이 '경제 민주화'가 현재의 정당의 대표성 위기를 넘어 더 많은 참여와 민주주의가 아니면 가능하지 않다는 것입니다.

'87년 체제가 '경쟁'과 '자유'라는 이름으로 시장의 권력화로 귀결됐다면 이제 우리 사회에 요청되는 것은 공동체적 가치입니다. 정의, 공정, 복지, 생태, 공존, 평가 등과 같은 공동체적 가치로 재편하는 일입니다. 그러나 이같은 일은 현재와 같은 민주주의와 참여수준으로 도달할 수 없는 가치들입니다. 복지만 하더라도 박근혜식의 복지와 진보의 복지가 달라야 하는 것은 다름 아닌 촘촘한 민주주의와 참여 공동체가 주어져야 한다는 것입니다. 더 많은 민주주의와 참여가 주어지지 않는 복지는 보수주의의 시혜적 복지와 다르지 않을 것입니다.

따라서 현재 정당의 대표성 위기는 단순히 정당에만 국한되는 것이 아닙니다. 한국 민주주의 위기의 문제이며, 나아가 '87년 체제'를 극복하고 2013년 체제로 전환하는 문제이기도 합니다. 정의, 공정, 복지, 생태, 공존, 평화 등 공동체적 가치에 기반을 둔 시장경제를 마련하고, 그러기 위해 더 많은 민주주의와 참여를 할 수 있는 직접 민주주의 요소의 확대가 필수적으로 요구됩니다.

그렇다면 무엇을 할 것인가

이제 시민정치운동도 지쳤습니다. 이명박 정부 내내 헤아릴 수 없는 사고를 쳤기 때문입니다. 일일이 대응하기 지쳤습니다. 그렇다고 그 활동이 정치적으로 의미 있는 결과를 가져온 것도 아닙니다. 미국 쇠고기 수입, 종편 허가, 그리고 지금도 염치없이 진행되고 있는 공기업 민영화와 한일군사정보교류협정 등등….

이제 우리의 진로를 본질적으로 토론하고 논의할 시점이 되었습니다. 일부 명망가 정치인들에 의해 이용돼 이제 좌절하고 있는 시민정치세력은 물론 새로운 대안정당을 모색했으나 실패했던 시민정치세력까지 이제 본질적으로 우리의 대안을 함께 고민하고 참여할 것을 제안합니다.

이런 제안이 대선국면에서의 후보 전술을 배제하는 것은 아닙니다. 개인에 따라 어떤 후보를 지원할 수도 있고 안 할 수도 있습니다. 중요한 것은 오히려 이같은 본질적 논의의 장을 확장하는 것입니다.

정치란 담론을 제시하고 그것을 보편화하는 일련의 권력적 과정입니다. 담론이 없는 정치는 패거리 정치에 다름 아닙니다. 선거는 시민정치세력의 참여를 제도화함으로써 세력교체와 정당의 대표성 위기를 넘어서야 하는 과제가 주어져 있고, 진보개혁 진영은 정권교체와 함께 이 과제를 성취해야 합니다. 이후 정권교체를 넘어 세력교체가 논의되어야 하는 이유이기도 합니다.

저는 이번 선거 과정에서 직접 민주주의를 의제화하고 실천하는 과정으로 삼아야 한다고 생각합니다. 후보들에게 그 생각을 물어야 하고 이 의제를 일반화하기 위해 저는 논의의 장을 마련하고자 합니다. "빨리 가려면 혼자 가고, 멀리 가려면 함께 가라!"는 말이 있습니다. 제가 시민정치세력들이 참여하는 공론의 장을 마련하고자 하는 것도 그런 이유 때문입니다.

제2부

낡은 진보·더 낡은 보수로
대한민국 희망을 만들 수 없다

민주주의가 밥 먹여 줍니다

지난 2007년 대선 때 유권자들 사이에서는 '민주주의가 밥 먹여 주느냐'는 말이 자주 나왔다고 합니다. 풀어서 얘기하면 '경제가 어려운데 또는 먹고 살기도 힘든데 민주주의가 당장 무슨 소용이 있는가, 경제 살리고 먹고사는 문제 해결하는 사람이 대통령이 되는 게 낫지 않는가'라는 겁니다. 이런 말은 사실 필자가 학생이었던 1970년대부터 오늘날까지 주변에서 자주 듣곤 하던 말이었습니다. 민주주의보다 경제성장이 중요하다는 뜻이지만, 적극적으로 해석하면 경제성장을 위해서 민주주의를 유보할 수 있다는 의미이기도 합니다. 물론 지난 10년간 민주정부의 경험이 보여준 결과는 이와 정반대입니다. 민주주의가 경제영역에서도 더 많은 성장과 발전을 가져온다는 것을 확인했고, 앞으로도 민주주의는 경제성장의 필요조건임을 부정할 수 없습니다.

필자가 여기서 말하려는 것은 경제성장에 정치적 민주화가 중요하다는 것을 강조하기 위함이 아닙니다. 오히려 강조하고 싶은 것은 사회를 변혁하는 데 정치권력이 중요하며, 민주적 정치권력인가 아닌가에 따라 역사 진보의 속도와 유형이 매우 심각하게 달라질 수 있다는 점입니다. 진보의 관점에서 우리 사회의 변화를 추구한다면 우리 사회의 진보를 위해서라도 권력에 대한 보다 정확한 이해가 매우 중요합니다.

권력은 현실적으로 가능한 정치적 수단을 확보한다는 점에서 매우 중요합니다. 왜냐하면, 민주적 권력이 어떤 과정을 통해 우리 사회를 진보시킬 수 있는지, 그 과정에 어떤 권력자원들이 활용될 수 있는지 등을 구체적으로 확인할 수 있기 때문입니다. 이러한 점과 관련하여 미국의 진보경제학자이자 칼럼니스트이고 2008년 노벨경제학상을 받은 폴 크루그먼의 〈미래를 말하다〉는 신선한 자극을 주었습니다. 이 책은 20세기 초반의 공황과 뉴딜 정책, 1960년대의 냉전, 1980~1990년대의 신자유주의를 거치면서 경제적 불평등이 확대되는 이유를 설명하고 있습니다. 폴 크루그먼은 통상의 생각과 달리 상당 부분 원인과 결과가 바뀌었을지 모른다는, 다시 말해 정치적 양극화가 거꾸로 소득격차를 확대했다는 생각에서 논의를 시작합니다. 그리고 그 원인을 사회 공동체의 불평등을 확대하는 방향으로 이끌고 간 보수주의 정치운동에서 찾고 있습니다.

"보수주의 운동을 이끄는 힘은 바로 돈이다. 소득불평등의 증가와 누진세 폐지, 그리고 복지제도의 철회, 즉 뉴딜정책 이전으로 돌아감으로써 이득을 보는 어마어마한 부호들과 몇몇 대기업이 재정적으로 이들을 지원한다. 불평등을 억제하는 경제정책이 시행되기 이전으로 시간을 되돌리려는 것이 보수주의 운동이 추구하는 핵심이다. 보수주의 운동의 대표적 인물이며 감세론자인 그로버 노퀴스트(Grover Norquist)는 '미국을 사회주의자들 일색이었던 테디 루즈벨트 이전의 시대, 즉 소득세·상속세·규제 등이 없었던 시대로 되돌리고 싶다.'고 말하기도 했다."

　이는 조지 W. 부시가 미국 대통령에 당선되고 나서 추진한 정책의 핵심과 그를 통해 보수주의가 추구하고자 했던 정치적 핵심이 무엇인지를 가장 잘 설명하고 있습니다. 이런 설명은 퇴임한 조지 부시나 미국 보수주의 운동에만 국한된 것이 아니라, 이명박 정부가 들어선 이후 한국 사회의 보수주의 운동이 어떻게 전개되고 있는지를 적나라하게 보여주는 것이기도 합니다. 이 책은 오바마 당선에 앞서 출간됨으로써 미국 보수주의 운동의 본질에 대한 이해도를 넓힌 것은 물론, 한국의 보수언론과 사회과학자들에 익숙한 우리 지식사회에 적지 않은 충격을 주었습니다.
　강원택 교수(정치학)가 쓴 〈보수정치는 어떻게 살아남았나〉는 사회변혁과 역사진보에서 정치권력이 중요하다는 인식을 잘 드러낸 국내 버전의 책입니다. 강 교수는 영국의 보수정당이 어떤 변화의 과정을 통해 살아남을 수 있었는지를 설명하면서, 시기마다 영국 보수당이 자기 혁신을 통해 주요한 개혁 어젠다를 과감히 수용함으로써 변화를 거부하는 정당이 아니라 절도 있는 변화를 추구하는 정신에 충실히 따랐다고 강조했습니다. 특히 영국 보수당의 경우 정치지도자의 성격에 따라 변화의 폭과 깊이가 다양하게 나타났다고 설명함으로써 사회 변혁과 역사의 진보에서 정치권력, 나아가 정치지도자의 리더십이 어떠한 성격을 갖느냐가 매우 중요하다고 강조합니다.

영국의 경우가 우리 사회에 그대로 설명되기는 어렵습니다. 영국은 개혁의 요구가 매우 지속적이었을 뿐만 아니라 그 성격도 명백했습니다. 계층적 요구가 우리와 달리 대체로 분명하게 사회적으로 표출되었으며 오랫동안 지속되었던 반면, 우리의 경우 냉전적 인식 때문에 계층적 인식에 기반을 둔 개혁적 요구가 지속되지 못했습니다. '계급배반적 투표행위'에서 그 원인을 찾을 수 있습니다. 특히 지난 2008년 대선에서는 서민들이 오히려 성장주의를 지지하면서 사실상 소수의 부자를 위한 정책을 제시한 이명박 한나라당 후보에게 많은 표를 던진 것으로 드러났는데, 바로 이러한 계급배반적 투표행위가 우리나라 민주화의 주요한 장애요인이 되고 있는 것입니다. 구체적인 내용은 분석해봐야겠지만, 실제 여론조사에서 소득이 낮을수록 더 많은 사람이 보수 쪽을 지지하는 것으로 조사되는 경우를 자주 볼 수 있습니다.

한국사회의 이와 같은 계급배반적인 투표행위와 그로 인한 정치 발전의 지체 원인은 지역주의와 분단에서 찾을 수 있습니다. 민족문제까지 고려할 경우 우리 사회를 설명하는 방식은 매우 복잡한 양상을 띠게 될 것입니다. 민족문제만큼 압도적이지 않다고 하더라도 한국 정치의 문제를 설명하는데 지역주의는 빼놓을 수 없는 주제임에 틀림없습니다. 미국과 북한 문제를 배제하고 민주주의와 권력의 문제를 추상적으로 논의한다는 것은 의미 있는 일이 아니며 가능하지도 않을 것입니다.

이제 권력의 기반은 정당정치를 비롯해 대통령으로 표상되는 최고 통치권자 중심으로만 구성된 것이 아니며 시장을 비롯한 경제영역, 법조, 교육, 종교, 언론 등의 제도 권력을 비롯한 시민사회, 심지어는 취미와 가치가 개입된 생활세계까지 확장되고 있습니다. 이처럼 넓은 의미의 권력 개념을 수반하지 않고서는 현재 진보주의 정치의 지속 가능성에 대한 논의도 무의미하다고 하겠습니다.

한국 사회의 권력지도는
기울어진 운동장

　참여정부에 대한 여러 가지 비판 가운데 하나는 '권력 운영 방식에서 계몽주의적이었다'는 것입니다. 너무 미래지향적인 이상만을 추구한 나머지 권력의 현실적 작동방식을 외면했다는 얘깁니다. 현상적으로 틀린 말은 아닙니다. 하지만 참여정부가 왜 이러한 비판을 받을 수밖에 없는가? 이를 제대로 이해하기 위해서는 한국 사회에서의 권력의 편재와 구성을 냉정하게 살펴볼 필요가 있습니다. 그럴 때에만 선거를 통해 선출되었음에도 불구하고 국민의 정부와 참여정부처럼 민주개혁 정부가 왜 동일한 정치적 위기를 반복할 수밖에 없었는지를 이해할 수 있고, 그것을 극복할 수 있는 진보진영의 대안을 찾을 수 있을 것입니다. 나아가 우리의 정치가 예측 가능성의 범위를 벗어나 불안정이 지속될 수밖에 없는 이유가 무엇인지 그 배경도 이해할 수 있으리라 생각합니다.

　그러기 위해서는 무엇보다 우선 확장된 권력개념에 대한 이해가 필요합니다. 권위주의 시대에는 정치권력이 가장 상위의 권력기관으로 경제권력과 시민권력 모두를 사실상 통제하고 관리해왔기 때문에 정치권력 중심의 사고가 한국 사회의 변화에 일정 정도 유효한 관점을 제공한 것이 사실입니다. 또 재벌의 경제적 이익과, 미국·북한 문제를 포함한 민족문제를 함께 고려하는 것이 과학적 정세분석의 충분조건이 될 수 있었습니다. 그러나 탈권위주의 시대의 민주주의는 더욱 복잡한 분석의 틀이 필요하게 됩니다.

물론 이와 같은 권력요소들이 서로 어떤 관계 속에서 어떻게 작동하는지 종합적으로 분석한 사례를 본 기억은 없습니다. 이런 점을 고려하면 자칫 자의적인 분석이 될 수도 있지만, 필자의 제한된 지식과 경험을 바탕으로 우리 사회의 권력지도를 재구성하면 옆의 그림과 같이 정리할 수 있습니다.

옆의 내용을 살펴보면 사실상 한국 사회에서 진보 및 개혁 세력이 정권을 창출한다는 것 자체가 불가능할 뿐만 아니라, 설령 정권을 창출한다더라도 국민에 의해 선출된 정치권력으로서의 정당한 대우를 받기가 힘들 것이라는 분석이 한눈에 들어옵니다.

또 한가지 눈여겨볼 것은, 보수언론들은 단순히 관찰자나 여론전달자에 머무는 것이 아니라 행위자이자 권력자로 직접 현안에 개입하고 있다는 사실입니다. 한 언론이 정치적 입장을 가질 수는 있지만, 그것은 의견과 사실을 명백히 구분한다는 전제 아래 가능한 일입니다. 그러나 한국의 보수언론은 지면에서 의도적으로 사실과 의견을 혼재시킴으로써 자신의 정파적 입장을 현실에 투사해 왔습니다. 이렇게 야기된 언론의 정파성은 국민의 정부에 이어 참여정부에서 더욱 심각하게 나타났습니다. 또 이명박-박근혜 정권이 탄생하는 과정에서도 적나라하게 이런 정파성을 드러내서 보수정권이 탄생하는 데

구체적인 방향은 권력의 성격에 따라 다양함
공권력, 정책 수립 및 집행, 의제 설정권, 정치적 영향력

입법청원, 집회참여, 투표
정치적 조직화 수준 미흡, 개인의 고립

정책 수립, 정치적 의제 설정권
지역적 이해관계를 넘어서는 새로운 어젠다 수립이 어려운 선출 방식, 진보와 보수의 구분보다 지역주의에 의해 주도됨으로써 개혁 어젠다가 충분히 논의되지 못하고 야당에도 '위스키 야당의 원'이 다수임

정부, 기업, 언론, 의회의 감시 및 비판
진보적 시민운동. 그러나 시민없는 시민운동. 뉴라이트 시민운동의 등장으로 견제(?)

정책 수립 및 집행
성장주의에 익숙하며 구조적으로 권위주의 시대의 권력관계 속에 안주하고 있음

한국사회 권력지도

청와대
개별시민
의회 및 정당
시민사회
행정부
언론
법조 의료 교육 종교 등
지자체
경제

탈권위주의 이후 시민사회가 미성숙한 상태에서 의제 설정권 독점
정파성 강화·제4의 권력으로 군림

민변, 전교조 등 부문별 진보적 대안들이 존재함
아직 견제세력일 뿐, 제도 작동 방식이 여전히 낡은 방식을 벗어나지 못함

집중화, 성장담론 중심으로 기업의 이익 극대화를 위한 담론 생산
정당성 기반의 대대적 확충이 필요

지역정치, 지역차원의 정책 수립과 행정 시행
지역주의로 정치적 경쟁의 결핍, 개발중심의 성장주의 포섭

에 큰 기여를 했습니다. 보수언론이 진보진영과 진보적 정권의 위기를 가중시키는 구심점을 형성한다는 측면에서 우리 사회 권력구조를 분석할 때 언론권력은 매우 중요한 자리를 차지합니다.

우리 사회는 권위주의에서 탈권위주의로 이행하면서 권위주의 국가가 물러서는 대신 시민사회 공간이 확장되었습니다. 그러나 시민운동은 여전히 '시민 없는 시민운동'으로서의 한계를 넘어서지 못하고, 정치적으로 조직화하지 못한 개별 시민은 사회적으로 존재하기보다는 고립되어 있고 추상적으로 개별화가 되었습니다. 이런 가운데 언론은 시민사회 내부에서 담론권력을 과잉 점유하고, 의제 주도권을 독점하면서 소위 '검증받지도 견제받지도 않는 권력'으로 철통같이 자리를 지키고 있습니다. 특히 일부 보수언론은 의제 선정권이 거의 절대적이라 해도 과언이 아닙니다. 시민들이 인터넷 포털을 통해 뉴스를 접하는 경우가 늘어나고 있지만, 결국 우리 사회의 주요한 쟁점을 제기해 논쟁을 이끌어가는 담론권력은 소수의 보수언론이 장악하고 있다고 보는 것이 정확할 것입니다. 예를 들어 규제개혁, 투기적 부동산 정책, 반공적 대북정책, 성장 중심의 사회정책 등을 이들이 어떤 방식으로 의제화하고 담론권력을 행사하는지 우리는 날마다 일상에서 경험하고 있습니다.

이런 상태에서 언론의 어젠다를 거부하면 정치적 위기를 반복적으로 경험하게 됩니다. 앞의 그림에서 보여준 사회 각 부분 및 부문들의 성격을 고려할 때 성장 중심의 냉전적 보수 어젠다를 담론의 영역에서는 물론 정치적으로도 극복하기 쉬운 일이 아닙니다. 이와 같은 일은 국민의 정부와 참여정부를 통해 수없이 경험한 바 있습니다. 특히

참여정부 시기에 발생한 '2004년 대통령 탄핵'과 '행정수도 위헌제
소'는 이런 정치적 위기의 전형에 속합니다. 이외에 대통령의 인사권
을 위협하는 공격적인 보도들도 결국 대통령의 권한을 정치적으로
제약하기 위한 시도가 아니었습니까?

선거 이후 시민들은 조직화하지 못한 상태에서 중앙권력과의 지속
적이고 조직적으로 연결될 수 있는 통로가 완전히 차단됩니다. 물론
지역 향우회 조직이나 인터넷 연대를 통해 최소한의 소통을 확보하
려 했지만, 그것 역시 일정한 한계가 있었음을 부정할 수 없습니다.
정치권력이 권위주의 시대처럼 물리력에 의한 것이 아니라 동의와
지지로 형성된다면, 정치권력과 시민들 사이에서 의제를 소통하고
동의 받는 과정은 필수적이라 할 수 있습니다. 그러나 정치권력이 시
민적 동의를 지속적이고 조직적으로 획득하는 방법은 차단되고 있습
니다. 비록 선거로 개혁정부가 수립된다더라도 권위주의 시대의 특
권적 구조에 의해 포위되어 버리면, 사람들은 '왜 이리 시끄럽냐'고
짜증을 낼 것입니다. 지지자들과 소통하기 위해서는 담장 너머로 '나
여기 있소!'라고 큰소리를 지르지 않을 수 없을 것입니다.

참여정부의 홍보정책은 바로 이런 문제의식에서 출발했습니다. 일
부 보수언론이 만들어내는 착시(錯視) 현상을 극복하고 시민과 소통
하기 위해서는 나름의 특별한 정책적 노력이 필요했으며, 지지자와
의 소통이라는 정치적 맥락에서도 언론개혁은 매우 중요한 의제가
아닐 수 없었습니다. 언론개혁은 단순히 언론의 문제가 아니라 우리
사회의 정치적 민주화를 위한 가장 중요한 주제였던 셈입니다.

반면 이명박·박근혜 정부처럼 일부 보수언론의 어젠다에 끌려다니

거나 아예 유착하는 경우는 끊임없는 정당성의 위기를 겪게 됩니다. 이런 위기가 정치적 위기로 전화(轉化)되는 시점에는 공안권력에 의존하여 문제를 해결하려는 경향으로 나아가게 되는 것입니다. 이명박·박근혜 정부는 담론에서는 성장을, 이념적으로는 냉전을, 정치적으로는 지역주의에 기반을 두고 출발하면서 사실상 보수언론의 어젠다에 휘둘리거나 이를 적극적으로 이용하면서 독자적인 정책주도권을 행사하지 못했습니다. 이와 같은 권력의 퇴행적 운영방식은 시민들의 불안을 가중시켰고, 그것은 곧 정치적 반대자들의 결집으로 정치적 위기를 겪게 됩니다. 또한, 공안세력에 의존하려는 정권의 국정운영방식은 민주주의의 후퇴를 가져왔습니다. 그 과정에서 노무현 대통령이 죽음을 강요받게 된 것입니다.

우리 사회 내부의 권력구조, 그 중에서 특히 언론의 개혁이 이뤄지지 않는다면 이와 같은 정치적 위기나 정당성의 위기가 반복적으로 나타날 수밖에 없습니다. 지금과 같은 구조가 지속된다면 진보개혁 정치세력이 집권한다더라도 여전히 정치적 위기를 반복해서 경험하게 될 것이며, 보수주의 정치는 이명박·박근혜 정부와 같은 정당성의 위기를 피해갈 수 없을 것이다.

이처럼 일부 보수언론의 정파성과 과도하게 부여된 의제의 주도권은 진보개혁 정치세력에게 지속적 위기를 가져다줄 것입니다. 보수언론은 보수정치에게와는 달리 진보개혁 정치에 대해서는 과도한 도덕적 잣대를 들이대면서 그 정당성을 위협하려 합니다. 이런 상황에서 진보개혁 정치가 선택할 수 있는 가능성은 그리 많지 않게 됩니다. 처음에 제기했던 것처럼 권력이 '현실주의적 관점, 아니면 참여정부처럼 이상적인 방식'으로 나뉘어 그 선택이 강제될 수밖에 없는 상황에 직면하게 됩니다.

이는 '윤리'와 '권력'의 결합을 전략적으로 사고할 필요성을 제기하고 있습니다. 다시 말해 정당성을 가지면서도 동시에 정치적 위기를 넘어서는 '정당한 권력'을 어떻게 창출할 것인가 하는 문제인 것입니다. 그 문제의 해결은 바로 일부 보수언론의 과도한 의제 설정권과 정파성을 극복하고 여론의 다양성을 확보하는 일에서 시작해야 합니다.

한국의 보수, 무엇이 문제인가

여러분은 보수주의자입니까? 아니면 진보주의자입니까? 한국 사회는 보수의 나라입니까? 아니면 진보의 나라입니까? 보수와 진보 가치의 핵심은 무엇입니까? 차이는 무엇입니까? 진보와 보수 중 누가 대한민국을 더 잘 끌고 갈 수 있습니까? 2014년 대한민국에서 진정한 의미의 진보와 보수를 찾기는 힘들지만, 진보와 보수에 대한 수없는 질문과 갈등이 난무하는 요즘 문득 이런 질문을 독자들에게도 던져봅니다.

잘 아시다시피, 한국 사회는 해방 이후 대부분의 현대사를 보수주의가 지배한 사회였습니다. 이승만 독재정권, 박정희 군사정권, 전두환·노태우 군사정권은 물론 문민정부라고 불리는 김영삼 정권까지 대한민국의 지배세력은 권위주의적 보수 세력이 독점하다시피 했습니다.

1998년 김대중 정부, 2003년 노무현 정부가 들어서 비로소 민주개혁의 진보세력이 10년 동안 정권을 잡았으나 다시 이명박 박근혜 정부가 들어섬으로써 보수세력은 다시 한국사회의 지배세력으로 권력을 잡게 되었습니다. 보수는 해방 이후 한국 현대사의 대부분에 해당하는 60년 가까이 부와 권력을 독점하다시피 하며 한국사회를 지배해왔습니다.

보수와 진보는 새의 양 날개처럼 균형을 잡고 사회를 이끌어야 합니다. 하지만 너무 오랜 시간 보수세력이 한국사회를 지배하면서 한국사회는 한쪽(보수) 날개가 지나치게 비대하고 다른 한쪽(진보) 날개는 허약하기 짝이 없는, 마치 양쪽 날개의 균형을 잡지 못해 뒤뚱거리며 제대로 날지 못하는 새의 모습이 되었습니다.

건강하게 하늘을 날아오르려면 진보와 보수가 모두 건강해야 합니다. 하지만 한국의 진보는 허약한데다 오랫동안 제대로 날개를 펴지 못하다 보니 낡기까지 했습니다. 보수는 비대해졌으나 온갖 부패와 질병에 찌든 모습입니다. 보수란 것이 아무리 제 자리를 지키려는 구심력이 강하다고는 하지만, 한국의 보수는 한걸음도 앞으로 나아가지 못하는 낡은 세력으로 전락하고 있습니다. 한국사회의 숱한 갈등과 민주주의의 위기는 여기에서 비롯되었다고 해도 틀린 말이 아닙니다.

한국 사회가 지금까지 갈등과 불합리, 그리고 정의롭지 못한 사회로 혼란스러운 데 대해서는 보수세력의 책임이 무엇보다 큽니다. 오랜 시간을 군사독재 정권의 권위주의적이고 비민주적 통치를 국정을 운영했기 때문입니다.

더 큰 문제는 2014년 현재에도 과거 권위주의 시절의 모습이 변화하지 않은 상태에서 보수주의가 그대로 지속되고 있다는 점입니다. 보수주의 세력이 권위주의 권력 연합을 형성해 우리 사회를 과거로 되돌리려 하고 있기 때문입니다. 과거 그 허구가 모두 입증되고 그 역사적 의미가 끝이 난 권위주의가 다시 부활하는 반동적 모습을 보면 대한민국의 역사는 비극적이라고 해야 옳을 것 같습니다.

원래 보수주의는 어떤 수단과 방법을 동원해서라도 변화를 막아야 한다는 것이 아닙니다. 변화는 불가피하고 수용해야 하겠지만, 그것은 통제할 수 있는 방식으로 점진적으로 이뤄져야 합니다. 변화가 혁명적인 방식이 아니라 통제할 수 있는 점진적 방식이어야 한다는 얘기입니다. 이는 영국 보수주의의 기본 이념을 마련한 에드먼드 버크의 주장이기도 합니다. 변화가 불가피한 일이지만 사회가 유기체적 존재인 만큼 변화에 대한 거부가 아니라 통제 가능한 범위의 변화가 보수이념의 핵심이라는 것이 에드먼드 버크의 설명입니다. 영국 보수당도 당시 시대적으로 요청되던 개혁 어젠다를 오히려 개혁적으로 다뤄나감으로써 오늘날 영국을 이끌어 가는 주요한 정당으로 살아남을 수 있었습니다.

현재 한국 보수주의를 주도하고 있는 세력은 한마디로 '권위주의 권력연합'입니다. 한국의 권위주의 정권도 자신의 정치적 정당성 확보를 위해 보수적 개혁정책을 강력하게 추진한 적이 있습니다. 하지만 국민의 정부 등장으로 민주정부가 수립되자 한국의 보수는 최소한의 보수적 개혁마저도 적대화하거나 포기해 버렸습니다. 이것이 오늘날 한국 보수주의 위기의 핵심이라고 말할 수 있습니다.

한국 사회의 보수세력이 갖는 특징이 무엇인지 좀 더 구체적으로 보겠습니다. 보수세력이 갖는 특징을 살펴보면 어떤 사람들이 보수인지 구분할 수 있습니다. 이를 통해 '나는 보수인가 아닌가'도 생각해 볼 수 있습니다.

우선, 보수인가 아닌가를 구분할 때 경제적 지위에 따라 사회정치적 이념을 규정하는 경제결정론은 낡은 잣대가 된 지 오래입니다. 과거엔 계급적 관점에서 보수와 진보를 규정했으나 오늘날에는 현실적으로 큰 의미가 없습니다. 부자도 진보일 수 있고, 가난한 사람도 보수적인 성향이 강할 수 있습니다. 그래서 계급적 관점에서 보수(또는 진보)의 정책이나 정당을 선택하지 않을 수도 있습니다.

보수냐 진보냐를 따질 때는 현재 한국사회에서 진행되고 있는 구체적 쟁점별로 봐야 합니다. 예컨대 최근 한국사회에서 경제적 쟁점으로 떠오르는 이슈에서 보수라면 탈규제와 대기업 중심의 수출에 중요한 가치로 생각할 것입니다. 개방, 특히 FTA에 적극적이며 노동문제에서는 자율적 노사교섭주의, 교육에서는 경쟁식 교육, 복지에서는 고용을 통한 복지에 관심을 둘 것입니다. 그 외에도 적극적 개발주의에 동조하고 감세에 찬성할 것입니다. 대미 대북 관계에서 한미동맹 우선 강화와 북한에 대한 강경 대응 또는 핵폐기 전제의 교류를 주장할 것입니다.

이 가운데 한두 가지 쟁점별로 보수적 시각을 갖고 있다고 해서 반드시 보수주의자라고 할 수도 없습니다. 여러 다양한 쟁점들에 의해 복합적으로 정체성을 구성할 수밖에 없습니다. 그래서 '누가 보수인가' 보다는 '무엇이 보수인가'라고 묻는 것이 더 정확합니다.

이처럼 구체적 쟁점별로 나타난 보수의 특징을 종합적으로 설명하면 대체로 한국의 보수는 반공주의, 개발독재, 시장주의, 세계화 지지, 자유주의 등을 떠올릴 수 있습니다. 이런 기준으로 본다면 결국 지금 한국의 보수는 별로 특별한 것이 없습니다. 과거 오래전에 존재했던 '권위주의로 회귀성'을 지닐 뿐입니다.

그렇다면 한국의 보수가 보수의 무기인 합리성을 기반으로 스스로 발전하거나 새로운 논리를 개발하지 못하는 이유는 무엇일까?

우리나라의 경우 보수주의는 조선의 왕조붕괴와 일본 식민지 지배, 6·25전쟁을 통해 사회경제적 기반 없이 외재적으로 주어진 것으로서, 사실 그 뿌리가 불명확하다고 볼 수 있습니다. 한국 보수주의의 전통이 부재하다는 것입니다.

이렇게 합리성과 정당성이 결여되어있는데도 보수가 강력하게 존재할 수 있는 것은 무엇일까요? 그것은 진보에 비해 월등한 물질적 자원이 있기 때문입니다. 물질적 힘에 의존해 왔기 때문에 논리나 체계를 발전시킬 필요를 느끼지 못했던 것입니다. 합리성을 추구하기보다 편리하고 손쉽고 득도 되는 권위주의 권력연합으로 회귀해 버린 것입니다. 여기에다 북한의 존재, 전쟁의 경험, 박정희 신드롬의 지속, 신자유주의의 세계적 확산 그리고 진보의 혁신과 대안 부재 등으로 보수주의는 어렵지 않게 그 세력을 유지할 수 있었습니다.

합리성도, 정당성도 결여된 보수주의가 한국사회에 오랜 세월 뿌리내리게 된 데에는 사회공동체적 기반이 있었기 때문입니다. 보수의 대표적인 공동체 기반이 바로 '새마을운동'입니다. 물론 지금은 생활공동체로부터 상당히 유리되어 있지만, 처음에는 명백히 농촌이라는 생활공간에서 시작한 공동체 운동이라 할 수 있습니다.

근대화와 함께 도시에서는 아파트 생활공간이 형성되면서 '부녀회'라는 조직이 생겼는데, 이 역시 보수의 새로운 공동체로 자리잡았습니다. 이기적이고 탐욕적인 한국의 부동산 시장이 낳은 보수주의의 사회공동체 기반입니다. 도시 자영업자들을 위한 새로운 공동체 공간으로 '라이온스클럽', '로타리클럽' 등과 같은 사교클럽도 마찬가지입니다. 충효로 대표되는 전근대적인 윤리에 바탕을 둔 도덕성 회복 운동의 현대판이라 할 수 있는 '바르게살기운동'도 넓게 보면 이런 범주에 속합니다.

오랜 기간 보수주의가 한국사회를 지배하면서 생긴 공동체 기반은 이 뿐이 아닙니다. 개발독재 시절 농촌해체와 도시화와 함께 가족공동체 역시 해체되면서 종교공동체가 그 빈 곳에 스며들었습니다. 사실 가족주의는 개발독재에서 매우 중요한 사회적 기반이었습니다. 농촌공동체 해체는 그것을 어렵게 만들었으며, 그 대안으로 등장한 것이 종교공동체입니다. 도시화가 진행되면서 과거 혈연적, 지역적 연대방식에서 벗어나 종교에 기반을 둔 새로운 형태의 정서적 공동체 공간이 만들어졌고 그것이 오늘날 우리 사회에서 종교공동체의 급성장으로 이어졌던 것입니다.

60~70년대 농촌공동체의 와해에 따라 새마을 운동은 개발독재를 위한 공동체 복원과 재편이라는 두 가지 역할을 해냈습니다. 그 와중에 충효와 같은 혈연에 기반을 둔 도덕적 원칙은 여전히 강력한 공동체의 윤리로 제공되었습니다. 보수적 결사체 형식으로 변질된 종교공동체가 이제는 보수적 정치에 의해 동원되는 모습까지 보이고 있습니다. 특히 오늘날 기독교는 반공이라는 분단 이데올로기 속에서 성장하면서 보수주의에게 쉽게 동원되었고 기독교는 보수주의의 물질적 혜택이라는 특혜를 이용해 급성장할 수 있었습니다.

보수의 사회공동체들이 자율적 연대방식을 지니고 있다기보다는 철저하게 국가에 의해 동원되고 있다는 것도 특징입니다. 정상적으로 작동하는 공동체란 자율성을 본질로 합니다. 자율적으로 만들어지고 자율적으로 운영되지 않는 사회공동체는 건강할 수 없습니다. 돈과 권력을 놓고 싸우는 부패한 조직일 뿐, 공동체 구성원과 전체 사회의 발전에 도움을 주는 공동체 본래의 역할을 수행할 수 없습니다. 한국의 보수적 공동체는 처음부터 독재정권과 권위주의 세력의 필요와 요구, 그리고 물적 지원으로 생성되고 운영되어 왔기 때문에 자율적이고 주체적인 성격으로 자리 잡지 못했습니다. 시장권력에 포섭된 공동체도 마찬가지입니다. 도시화가 진행되면서 부동산 가격이 폭등했고 이 과정에서 아파트 부녀회 등은 오로지 부동산 개발업자 부동산 경기 부양 권력 같은 시장권력에 목을 매는 이권 공동체로 전락하고 말았습니다.

　　한국 보수주의의 문제는 이렇게 그 주도세력과 기반세력의 문제에서 비롯된다고 할 수 있습니다. 한국 근현대사에서 보수주의를 이끌어온 주도세력 또는 권위주의 정권들은 애당초 보수의 가치와 전통을 품지 못하고 태동한데다 합리성과 정당성마저 결여된 채 한국 사회를 지배해 왔습니다. 보수를 지탱해온 사회공동체 조직 역시 정치적 권위주의와 이권(利權)이라는 시장권력에 묶여 국가라는 전체 공동체의 이익을 철저히 외면하고 배반해 왔던 것입니다.

　　한국 사회에 살고 계신 여러분은 어떻습니까? 지금까지 보수주의로 살아왔습니까? 혹은 여전히 보수주의자이거나 앞으로도 보수주의자로 남길 원하십니까?

친일과 종북몰이하는 보수에게 미래는 없다

　박근혜 정부 들어 이른바 '종북몰이'가 위세를 떨치고 있습니다. 정부의 정책에 의문을 제기하거나 비판해도 종북, 대통령을 비판해도 종북, 평화와 환경, 인권, 복지를 말해도 종북으로 몰아붙입니다. 심지어 고인이 된 대한민국 전직 대통령을 애도해도 종북으로 몰릴 판입니다.

　'종북(從北)'은 말 그대로 '북한을 추종한다'는 것입니다. 얼마 전까지 보수 세력이 진보진영에 '친북(親北)'이라는 딱지를 붙여 낙인찍기와 마녀사냥을 하더니 이제는 종북으로 진화했습니다. 친북이든 종북이든 이는 한국 사회의 불행한 분단의 역사와 반공이데올로기를 악용한 비이성적이고 역사 퇴행적인 행태입니다.

　오늘날 한국 보수주의의 가장 큰 문제점은 그들이 이러한 '퇴행적 반공주의'에서 한치도 벗어나지 못하고 있는 점입니다. 반공주의는 지역주의와 함께 한국 사회 미래 발전의 발목을 잡는 가장 심각한 구시대적 이데올로기입니다. 이런 면에서 반공주의에 빠진 보수주의가 지배하는 한국 사회의 발전은 요원할 수밖에 없다고 하겠습니다. 안타까운 일입니다.

이미 세계적으로 냉전 구도는 해체되었고 남북 사이에서도 이러한 구도는 약화되고 있습니다. 공산주의 북한과 자본주의 남한이 그동안 피가 터지게 서로 비난하며 내걸었던 이데올로기는 이제 역사의 퇴물이 되어가고 있습니다. 전 세계 어디에도 반공 이데올로기가 국민을 이끌고 국민을 분열시키는 곳은 이제 없습니다. 그런데도 한국의 보수가 여전히 퇴행적인, 이미 소멸되어 가고 있는 낡아빠진 반공 이데올로기로 돌아가고 있는 점은 심각한 문제가 아닐 수 없습니다. 그만큼 한국 보수가 우리 사회에 대한 올바른 인식과 새로운 사회적 상상력을 가지고 있지 못하기 때문이다.

반공주의로 동원되는 보수와 한국 보수주의 전체가 일치하는 것은 아닙니다. 문제는 이들이 한국의 합리적 보수나 개혁적 보수를 비롯한 보수 일반을 과잉대표하고 있다는 것입니다. 이런 점에서 한국 보수의 미래는 암담합니다. 진보와 더불어 보수가 합리적으로 공존할 수 있는 사회가 건강한 사회라고 할 수 있는데, 퇴행적이고 왜곡된 보수주의가 있는 한 진보가 아무리 합리적인 태도를 보인다고 하더라도 정상적 경쟁이 전개되기 어렵습니다.

더 걱정스러운 것은, 그렇다고 보수가 스스로 혁신할 가능성이 있는 것도 아니라는 점 때문입니다. 한국 보수세력에서는 그나마 진보의 내부에서 발견되는 경쟁과 논쟁을 발견할 수 없습니다. 보수든 진보든 다양한 형태의 차이와 모순이 존재함에도 이에 대관해 토론하거나 논쟁했다는 기록이나 보도를 저는 들어본 적이 없습니다.

한국의 보수세력은 흔히 '수구(守舊)' 세력과 혼동되고 있습니다. 수

구란 '옛 제도나 관습을 그대로 지키고 따르는 것'을 뜻하는 말인데 이는 보수주의와는 좀 다릅니다. 낡은데다 불합리하고 가치 없는 것은 움켜쥐고 지키려는 게 수구라면, 보수는 인간과 사회의 유지와 발전에 도움이 되는 '보편적이고 전통적 가치'를 지키고 유지하려는 것을 말합니다. 만약 노예제 같은 신분제도와 부정한 재산의 세습을 지키고 따라야 한다고 생각한다면 그것은 수구입니다. 시대에 한참 뒤떨어지고 불합리하기 짝이 없는 반공이데올로기를 잣대로 인간과 사회를 바라보고 누군가를 미워하려 한다면 이 역시 수구입니다. 나라와 부모에 대한 섬김, 가족과 이웃에 대한 보살핌, 사회의 정의 같은 인류의 보편적 가치를 소중하게 생각하고 지키려 한다면 이념적 보수라고 볼 수 있습니다. 그래서 보수주의는 수구와 명백히 구분되어야 합니다. 하지만 한국 보수주의는 수구와 치열한 논쟁을 통해 스스로 갱신하고 새로운 사상적 발전을 고민하고 있지는 않은 것 같습니다. 한국 보수의 미래가 걱정스러운 이유입니다.

한국 보수주의는 어떤 미래지향적 비전을 갖고 있을까? 이 점을 설명하려면 한국 보수의 특징을 짚어봐야 합니다. 한국 보수는 첫째, 국가동원적 공동체를 그 기반으로 하고 있습니다. 둘째, 이 공동체들은 가족주의라는 전근대적 공동체 논리가 작동하거나 아니면 상업주의에 오염된 공동체들이라는 점입니다. 여전히 유교적 질서를 강조하는 가족주의적 공동체이거나 도시화로 형성된 사교클럽처럼 철저하게 상업주의적으로 작동하는 공동체입니다. 이들은 시민적 공공성을 위협하는 사익화(私益化) 현상으로도 이어지고 있습니다.

이명박 정권에 이어 박근혜 정권이 출범함으로써 보수가 다시 한국사회를 지배하게 되었지만, 한국 보수주의의 미래가 밝은 것은 아닙니다. 반세기 넘게 한국사회를 지배한 보수가 그 강고한 권력구조와 이를 떠받치는 사회 공동체 운동이 앞으로도 더욱 강고하게 유지될 수 있을까? 보수가 앞으로도 사회와 국가공동체의 발전에 이바지하는 이념과 권력을 계속 창출해 낼 수 있을까? 이런 질문에 필자는 회의적인 답을 갖고 있습니다. 한국 보수주의 역시 위기를 맞고 있다는 생각입니다.

우선 이들이 냉전주의로 환원하고 있다는 점 때문입니다. 또한, 보수주의를 새롭게 갱신하는 데 필요한 내부의 토론과 성찰이 결여되어 있는 점, 보수 이념을 담아내고 현실 속에서 지탱해 줄 공동체가 국가 개입에 의한 권위주의나 상업주의 혹은 낡은 가족주의에 매몰되어 있다는 점을 들 수 있습니다. 공공적 가치를 높이면서 새로운 비전을 제시해 대중들로부터 검증받는 과정을 거치기보다는 사익화의 경향을 두드러지게 보이고 있는 것입니다. 노블레스 오블리주와는 거리가 멀어도 한참 멉니다. 더 심각한 문제는 한국 보수주의가 보편성을 지닌 사회적 어젠다를 만들어내지 못하고 있다는 점입니다. 이런 이념과 권력세력은 새로운 시대에 걸맞은 비전을 창출해 낼 수 없습니다.

한국의 보수가 얼마나 낡은 사고와 주장을 펼치고 있는지를 보면 걱정하지 않을 수 없습니다. 시대에 뒤떨어질 뿐 아니라 심지어 시대를 거꾸로 되돌리려는 사고방식과 정치운동을 펼치고 있습니다. 가장 대표적인 보수의 이데올로기 확장과 정치운동이 바로 국민의 정부와 참여정부의 민주정부 10년 동안 등장한 '뉴라이트 운동'입니다.

진보(레프트)에 대항하면서 과거 낡은 보수운동과도 차별된다는 뜻으로 '뉴라이트'(New Right)라는 이름을 붙였는데, 이들이 제시한 새로운 콘텐츠가 지금도 한국 보수주의 정치운동에서 가장 적극적으로 동원되고 있습니다.

뉴라이트 세력이 정치운동으로 가장 적극적으로 동원하고 있는 새로운 콘텐츠 가운데 하나가 탈국가주의와 탈민족주의입니다. 지난 2008년 이명박 정권이 들어선 뒤 마치 물 만난 듯이 콘텐츠를 국민에게 교육하고 홍보까지 하고 있습니다. 아이들이 배우는 교과서를 고치고 정책·역사·문화·예술 등 전방위적으로 이런 사고방식을 퍼뜨리고 있습니다.

뉴라이트의 탈국가주의와 탈민족주의를 말하기 전에, 민족주의와 국가주의에 대해 물어보겠습니다. 민족주의는 진보적 사상입니까? 아니면 보수적 사상입니까? 세계적으로 보면 특수한 경우를 제외하고 민족주의는 대부분 보수적인 운동이었습니다. 특히 민족주의가 파시즘으로 확대, 재생산되는 과정을 제2차 세계대전 전후를 통해 경험한 서구 지식인들은 민족주의에 대해 그 밑바탕에서부터 비판적인 태도를 지니고 있었습니다. 서구의 탈국가주의 혹인 탈민족주의는 민족의 이름으로 자기 민족(국가)은 물론 다른 민족(국가)에 대해 억압을 자행하는 역사적 범죄행위가 다시는 일어나지 말아야 한다는 매우 진보적이고 양심적인 사상이었습니다.

하지만 우리나라의 경우는 상황이 다릅니다. 민족주의가 기본적으로 보수적 성격의 사상과 운동이며 심지어 우리의 저항적 민족주의조차 보수적 사상임에도 우리의 경우 민족주의가 지금까지도 진보의 중심축을 형성해왔습니다. 이는 일제강점기 민족주의자들이 보여준 불철저성과 해방 이후 전개된 반공세력들의 편협한 대응의 결과라고 할 수 있습니다. 일제강점기에 저항적, 계몽적 형태로 시작한 민족주의 운동은 일제 말기로 갈수록 민족해방운동의 중심이 점차 사회주의 세력의 항일무장투쟁으로 옮겨가게 됩니다. 민족주의가 보수의 중심축을 형성했던 다른 나라의 경우와 달리, 우리나라에서는 해방 이후 민족주의의 불철저한 친일청산과 반공세력들의 민주주의·민족주의에 대한 억압 때문에 이에 저항하는 진보의 영역으로 자리잡게 된 것입니다. 특히 이승만 체제처럼 외세 의존적인 정권의 성격으로 인해 보수는 당시 새로운 민족적 과제였던 민족통합에 소극적이거나 부정적인 태도를 보였고 결국 민족주의는 보수 내에서 자리 잡지 못하고 오히려 진보진영의 사상적 일부분이 되었습니다.

그러자 오늘날 한국 보수의 대표 주자 격인 뉴라이트는 민족주의에 오히려 적대적인 태도를 보임으로써 보수를 근본적으로 재구성하려 하고 있습니다. 이들은 민족주의를 극단적이고 억압적이며 배타적이고 폭력적인 이념으로 바라보고 있는 것입니다. 이런 인식의 이면에는 진보에 대한 공세의 의미도 있습니다. 진보에 의해 민족주의의 거대한 동원력이 정치적으로 이용되고 있다면서 민족주의와 진보를 한 묶음으로 비판하고 있습니다. 이는 매우 정치적인 동기에서 나온 것입니다. 민족주의를 무기로 이용하기 어려울 바에야 상대편이 이용하지 못하도록 무력화시키겠다는 주장입니다.

뉴라이트 운동이 주장하는 역사인식론 가운데 '식민지 근대화론'이란 것이 있습니다. 우리나라가 일제 식민지를 겪으면서 근대화의 초석을 놓았다는 주장입니다. 식민지 근대화론은 주로 경제사학을 전공하는 학자들에 의해 하나의 연구경향으로 시작됐지만, 뉴라이트 운동과 결합하면서 보수의 정치운동을 위한 이론적 이데올로기로 동원되고 있습니다. 식민지 근대화론을 연구하는 학자들이 이제는 단순한 연구를 넘어 정치행사에 직접 참여하는 행태를 서슴지 않고 있습니다.

뉴라이트는 일제에 의한 수탈이 우리 민족의 자본주의적 근대화를 의미하므로 이에 협조한 이들은 친일이 아니라 오히려 우리 사회를 근대화시킨 선구자라는 황당한 주장을 내놓습니다. 근대국가의 성립은 이승만에 의한 단독정부 수립에서 비롯된 것인 만큼, 그 이전의 민족해방운동과 임시정부는 더 이상 정당성을 인정받을 수 없다고 주장합니다. 뉴라이트 진영이 1945년 8월 15일의 해방이 아니라 1948년 8월 15일을 건국절로 기념해야 한다고 주장하는 것도 바로 이런 맥락입니다. 이런 인식은 박정희에 대해서도 크게 다르지 않습니다. 박정희의 개발독재와 반공주의는 이들에 의해 매우 긍정적으로 평가받고 있습니다. 박정희 군사독재식의 국가 권위주의적 지배를 옹호하면서, 동시에 시장에서는 기업의 이익추구를 옹호하기 위한 자유와 작은 정부론을 주장하고 있습니다. 이들이 이러한 정신분열적 모순을 현실가능하게 만드는 것은 시대에 뒤떨어지고 비이성적인 '반공' 구호 외에 다른 요인을 찾을 수가 없습니다.

황당하면서도 재미있는 사건 하나를 소개합니다. 몇 해 전 뉴라이트가 주요 보수 일간지에 광고를 게재하며 스스로 진보임을 자처하고 나선 적이 있습니다. 동아일보 2009년 7월 16일 자에 실린 광고입니다.

"지금 대한민국은 심각한 용어 혼란에 빠져있다. 민주당은 물론 진보신당, 민노당, 민주노총, 전교조 이들 모두가 수구이며 자유주의가 진정한 진보다."

뉴라이트가 자유주의 논쟁의 주도권을 장악한 후 진보-보수 담론 경쟁을 본격적으로 시작하겠다는 의지를 표현한 것으로 이해됩니다. 자유주의는 그 내부에 다양한 의견과 주장을 포함하고 있습니다. 자유주의야말로 서로 다른 생각을 인정하고 존중하는 관용의 정신이 일관되게 관철되는 바탕 위에서만 존립할 수 있습니다. 자유주의를 가장 위협하는 것은 '자유주의를 독단적으로 이해하는 것'입니다. 반공'이라는 허구의 적대적 대상을 만들어 내는 것이 자유주의를 독단적으로 이해하는 대표적인 사례입니다. '자유주의가 진정한 진보'라는 뉴라이트의 주장에는 시장권력이 내세우는 시장 이익의 자유가 강조되면서 동시에 정치적으로 자유를 억압하는 반공주의가 포함되어 있습니다. 요즘 일부 기독교와 정치가 결합하는 방식도 바로 이런 퇴행적인 반공주의를 제외하고는 설명할 수가 없습니다. 이렇게 자유주의에 대한 이중적인 해석을 통해 보수는, 전통적인 이념적 보수와 시장적 보수는 물론 탈 민족적인 뉴라이트 그리고 일부 기독교와도 연대할 수 있는 것입니다.

실제로 뉴라이트 운동의 출발점이라고 할 수 있는 '자유주의연대 선언문'(2004년 11월 23일) 핵심 내용은 시장주도형 경제, 한미동맹 강화와 북한 민주화 등입니다. 이 선언문이 보여주듯 이들의 자유주의는 반공 자유주의와 시장 자유주의 (혹은 신자유주의)라는 두 개의 모순된 개념을 결합하고 있는 것입니다. 이런 점에서 뉴라이트는 실제로는 과거의 보수와 차별을 찾기 어렵게 됐습니다. 이런 낡은 레퍼토리에서 한국의 보수는 여전히 벗어나지 못하고 있는 것입니다.

한국의 보수가 개별 정책 부문에서 주장하고 있는 것에도 이런 낡고 모순적인 지점들이 많습니다. 보수주의는 이른바 '작은 정부'를 주장합니다. 작은 정부론은 규제철폐를 통해 시장과 투자를 활성화해야 한다는 시장주의와 맞닿아 있습니다. 시장주의는 복지국가 대신 대부분의 공공적 영역을 시장의 자율에 맡겨야 한다는 것입니다. 하지만 다른 한 편에서는 그것을 방해하는 규제와 절차, 정치적 장애를 해소하고 기업의 자유를 보장하기 위해 국가의 강력한 개입을 주장하고 있습니다.

작은 정부론은 원래 유럽의 복지국가에서 야기된 정부의 실패를 시장의 선택으로 치유해야 한다고 보는 시각입니다. 우리의 경우 작은 정부론은 크게 두 가지 요소에 의해 뒷받침되고 있습니다. 첫째, 과거 권위주의 정부가 민주정부로 넘어가면서 국가권력의 민주적 전환을 요구했고 이것은 마치 국가와 정부의 후퇴로 이해되기도 했습니다. IMF 경제위기가 김영삼 문민정부의 어설픈 세계화 정책에 따른 것이라는 분석과 함께 과거 권위주의 국가 성격으로부터 연유한 것이라는 주장이 일각에서 제기되기도 했는데, 이는 대신 시장의 자율성을 최대한 보장해야 한다는 '작은 정부론'으로 이어졌던 것입니다. 둘째, IMF 경제위기가 작은 정부론을 강력하게 정당화했습니다. 외국자본 투자와 시장을 활성화하기 위해 기업의 이익활동에 방해되는 어떤 종류의 국가개입도 최소화해야 한다는 주장이 힘을 얻어갔습니다. 그러나 반면 이들 조치를 가로막은 계층적 사회적 갈등에 대해서는 국가가 강력하게 개입해야 한다는 주장도 동시에 제기되었습니다. 시장에서 경쟁력이 없는 기업을 청산해 사회 전체의 효율성과 경쟁력을 높이려면 국가의 강력한 개입은 불가피하다고 주장했습니다.

이런 이유로 일부에서는 민주정부 10년을 '신자유주의 정부'라고 비판하기도 했습니다. 규제를 철폐해 글로벌 금융자본의 이익이 관철될 수 있도록 허용했을 뿐 아니라 사회적 양극화를 확장시켜 우리 사회에 경쟁 중심의 시장권력이 장악하도록 했다는 것입니다. 하지만 당시 IMF 경제위기라는 긴급한 상황에서 국민의 정부가 선택할 수 있는 방법은 아마 그리 많지 않았을 것입니다.

한국의 보수는 개혁·진보적인 민주정부 10년을 거치면서 이에 대한 대응과 정권탈환을 목표로 새로운 이름을 내걸며 결집했습니다. 그 새로운 이름이 뉴라이트 운동입니다. 하지만 뉴라이트는 기존 보수와 겉모습만 약간 달리했을 뿐 그 속을 들여다보면 큰 차이가 없습니다. 오히려 식민지 근대화론으로 탈민족·탈국가주의를 내세우면서 민족주의를 폄훼·공격하는 반(反)민족적 사상을 드러내고 있습니다. 시장만능주의와 경쟁체제에 대한 극단적인 숭배로 신자유주의를 옹호하면서도 다른 한편에서는 낡은 이데올로기인 반공주의를 내세워 국가가 개인의 자유와 복지지향에 대한 제한을 가해야 한다는 모순을 드러내고 있습니다.

민족은 우리에게 소중한 공동체입니다. 한국 사회에서 민족주의는 보수주의가 더 앞장서 지켜나가야 할 가치입니다. 그런데도 뉴라이트를 중심으로 하는 한국의 보수는 교묘하게 친일을 내세우며 민족의 가치를 모욕하고 있습니다. 2008년 미국발 금융위기로 재활센터에 들어갈 운명에 처한 신자유주의를 떠받들면서 그보다 더 낡아서 이미 지구상에서 폐기처분이 된 반공주의를 불러내고 있습니다. 또 정권을 잡은 뒤에 이런 모순되고 낡은 이념을 정책에 반영해 국정을 운영하려는 무모함을 보이고 있습니다. 한국 보수주의가 우려스럽기 짝이 없고 미래가 어둡다고 느끼는 것이 진보진영의 질투심이나 노파심만은 아닌 까닭입니다.

보수언론과 보수지식인,
공공성을 외면하다

　우리가 살고 있는 대한민국은 '민주공화국'입니다. 헌법 1조 1항에 명시되어 있습니다. 또 현대 민주주의 제도의 두 축은 대의제와 공화주의 전통입니다. 인간은 원래 사회적·정치적 동물이며 그들의 정체성을 실현하기 위해 최소한 정치적 결사체 속에 함께 살아야 합니다. 나아가 이런 정치적 결사체가 어떻게 공동체적 가치를 잘 실현할 수 있느냐 하는 것은 매우 중요한 정치적 과제입니다. 이러한 공동체적 가치, 즉 '공공선'(Public Good)은 공화주의의 기본 가치입니다. 이런 면에서 본다면 지금 우리 사회가 겪는 공공선의 위기는 곧 민주주의의 위기라고 말할 수 있습니다. 우리 사회의 정당정치는 무엇보다 공공적 가치를 추구해야 함에도, 지역정치화하거나 이익집단화되어 이러한 공공적 가치를 포기하고 있는 현실이 무척이나 안타깝습니다. 또한, 이를 감시하고 비판해야 할 언론마저 권력집단 또는 사익집단이 된 현실은 우리 사회의 민주주의 위기가 어느 정도로 심각한지를 보여주는 일면이라고 하겠습니다.

　이와 같은 공공선을 지키기 위해 공화주의가 원칙으로 삼고 있는 것은, 권력의 집중은 위험하므로 피해야 한다는 것입니다. 제도적 권력을 입법, 사법, 행정 등 삼권으로 나누고, 이렇게 분리된 제도가 서로 견제하는 것이 공화주의의 기초입니다. 견제와 균형은 공공적 가치를 유지·보존하기 위한 최소한의 방법적 장치라고 할 수 있습니다.

과거 권위주의 시절 우리의 민주주의 경험에 비춰 보면 권력기관 사이의 견제와 균형은 공공적 가치의 보존과 유지를 위한 최소한의 필요조건일 뿐 충분조건은 되지 못했습니다. 형식적인 삼권분립과 입법체제가 마련되어 있었지만, 이들 제도를 통해 추진된 구체적인 내용은 당시 요구되었던 민주적 가치 혹은 공공성의 수준에 조금도 이르지 못했던 것입니다. 그래서 당시 민주화의 요구는 이와 같은 실질적인 삼권분립 체제는 물론이고 실질적 민주화와 그에 따른 공공적 가치를 확보하고자 하는 것이었습니다. 한마디로 국회는 대의제 기구로서 민주적 입법활동을 하고, 검찰과 법원은 사법기구로 공공성에 입각한 수사·재판을 하고, 행정부는 법치주의 내에서 권력을 행사하라는 요구였을 뿐입니다.

그런데 역설적이게도 권위주의에서 벗어나 민주정부를 표방했던 국민의 정부가 등장하면서 공공적 가치의 실현이라는 당연한 요구와 필요성이 국민들의 머릿속에서 약화되었습니다. 실질적 정권교체와 함께 공공적 가치가 부분적으로 실현되었기 때문입니다. 특히 'IMF 사태'라는 미증유의 국가부도 사건을 경험한 우리 사회는 공공적 가치보다 생존을 위한 경쟁이 더욱 중요한 가치로 자리 잡게 된 것입니다. 하지만 이러한 상황적 논리만으로 공공적 가치의 약화가 모두 정당화될 수는 없습니다. 특히 공공적 가치를 지키고 확장해야 할 집단들이 공공적 가치를 약화시키려는 경향들에 대해 견제와 균형의 역할을 제대로 수행하지 못했다는 점을 돌아보아야 합니다.

지식인과 언론은 우리 사회의 공공적 가치의 수호자여야 합니다. 〈나는 고발한다〉라는 논문으로 드레퓌스 사건을 비판하고 금고형을 당한 에밀 졸라는 지식인의 표상으로 간주합니다. 하지만 우리 지식인과 언론이 이런 자신의 역할을 제대로 수행했다고 말할 수 있는지 묻고 싶습니다. 민주화 과정에서 일부이기는 하지만 지식인과 언론인 중에는 공공성을 지켜 내기 위해 어떤 위협에도 양심에 따라 자신의 행위를 결정한 사람들이 있습니다. 하지만 일부에 불과했고 그나마 이런 사람들은 자신의 일터에서 쫓겨나는 수모와 고난을 겪어야 했습니다.

국민의 정부 이후에는 지식사회나 언론이 시장권력에 편입되면서 지식인들의 이러한 기능이 더욱 약화되었습니다. 언론인은 보편적 가치를 추구하는 지식인이 아니라 언론이라는 기업에 종사하는 '회사원'이 되어갔습니다. 그들은 소속 언론사의 이익에 충실히 따르며 공공적 가치보다 정파적 입장이 그들의 직업적 행위를 결정하는 중요한 가치가 되었습니다. 탈세한 범법자 오너를 두둔하며 시위를 벌인 어느 일간신문 기자들, 야당을 도청한 집권여당에 유리한 보도를 하는 공영방송의 기자들이 그들입니다. 대학도 시장권력 속에 편입됨으로써 그에 소속된 교수들은 보편적 가치에 대한 헌신보다 경쟁의 가치에 종속되어 버린 것이 오늘의 현실입니다.

그러면 진보세력은 달랐다고 할 수 있을까? 진보진영도 마찬가지로 공공적 가치를 수호하기 위한 적절한 대안과 논리를 창출하지 못했다는 비판에서 벗어날 수 없습니다. 진보주의의 가장 광범위한 대중적 조직은 노동조합입니다. 노동조합은 권위주의 시절 폭력적 압축 성장의 희생자이면서 정치·경제적 갈등의 중심에 있었기 때문에 그들이 권위주의 생산 질서에 저항하는 것만으로도 진보성을 인정받을 수 있었습니다. 그러나 민주노총 등이 상대적으로 안정적인 지위를 획득하면서 이들은 또 다른 권력이 되어갔고, 이들의 활동은 자신들의 이익을 지키는 것 이상의 의미를 보이지 못했다는 비판을 받고 있습니다. 대형 사업장에서 민주노총은 스스로 비정규직이나 하청기업에 대한 차별을 보였습니다. 이제 노동조합이라는 형식이 이들의 생활에 기반을 둔 공동체성을 담아내지 못하고 있다는 목소리가 터져 나오고 있습니다.

이것은 극소수 비판론자의 생각에만 국한된 것이 아닙니다. 이미 진보적 대중운동에 애정을 가진, 적지 않은 지식인들이 오래전부터 이와 같은 비판을 제기해왔습니다. 비판의 핵심은 노동조합 운동이 진보성이나 공공적 가치보다 그들의 분파적 이익을 보호하기 위한 수단으로 활용되고 있다는 것입니다. 교원들에 대한 평가 시스템인 나이스(NEIS)의 도입을 둘러싸고 이뤄진 전교조의 대응도 마찬가지였습니다. 교사의 질을 높여 공교육의 질을 끌어올려야 한다는 사회적 요구를 외면한 채 오로지 조합원들의 이해관계에 묻혀 이를 거부하기에 바빴다는 비판에서 전교조는 자유로울 수 없습니다. 그 결과 전교조는 우리 교육의 보편적인 과제 해결 – 공교육의 질 향상 – 을 위해 자신을 희생하기보다 경쟁력에서 도태된 조합원들의 보호 장치로 작용하고 있다는 비판이 확산되었습니다. 이에 대해서는 이미 진보진영 내부에서도 교육의 질을 높이기 위한 평가 시스템을 독자적으로 개발해 선제적으로 제안함으로써 공공성과 보편성에 대한 우위를 점해야 한다는 지적이 있었습니다. 정도의 차이는 있지만, 시민사회의 경우에도 사회 보편적 성격이 탈색되면서 그저 그런 집단이익을 위한 조직으로 변화하고 있다는 지적이 제기되어 왔습니다.

1987년 민주화 이후 시민운동 단체의 성장은 이념, 대의명분, 보편적 가치를 지향하는 공익적 시민단체로서의 존립 근거가 확대되는 과정이기도 했지만, 그와 동시에 이익정치(interest politics)로의 전환 과정이었다는 것입니다. 1987년 민주화 이후 시민단체들이 급성장하면서 민주화 이후 정치 사회적 개혁 과제에 대한 공헌 또한 높게 평가받았는데, 민주정부 수립 이후 '시민 없는 시민운동, 백화점식으로 나열된 개혁 어젠다, 전문가 엘리트주의에 의한 비참여' 등의 문제점과 한계를 드러내면서 시민운동 또는 시민단체에 대한 비판론이 급증했습니다.

市場, 진보와 보수 모두를
딜레마에 빠뜨리다

시장은 우리에게 무엇일까? 이 문제만큼 보수나 진보 모두에게 심각하고 중요한 화두는 없을 것입니다. 무엇보다 시장이 우리 생활에 미치는 영향은 거의 절대적이기 때문입니다. 시장은 경제활동의 공간으로 개개인의 생존을 위한 물질적 토대를 제공하는 것은 물론 경제 이외의 사회적 활동과 사고가 이뤄지는 공간이자 시스템이기 때문입니다.

시장을 둘러싼 진보 vs 보수 논쟁의 발단과 전개

시장을 둘러싼 논쟁은 IMF 경제위기로 국민의 정부가 등장하면서 시작되었습니다. 87년 민주화 체제 이후 정치 사회적 민주주의는 개혁이 어느 정도 진행되었지만, 시장의 불공정성과 불투명성 그리고 시장을 둘러싼 온갖 부패가 개선되지 않아 결국 터지고 만 것이 IMF 경제위기였습니다. 비로소 시장의 정상화 또는 경제회복이 사회적 논쟁의 중심에 서게 된 것입니다.

민주화 담론은 시장 담론 또는 경제회복 담론으로 전환되었습니다.

이때부터 시장을 감시해야 할 보수언론은 시장의 논리를 확대, 재생산하기 시작했습니다. 보수언론과 지식인은 반기업 정서를 질타하기 시작했고 앞으로 우리 사회는 무엇을 먹거리로 삼을 것인가라는 절박한 문제를 제기하기도 했습니다. 구체적으로 보수언론은 시장주의를 확산시키고 기업은 이를 위한 물적 기반을 제공하는 방식으로 유착관계를 형성해 갔습니다. 언론은 공적 보도기관이라기보다 기업의 신자유주의(또는 반규제주의) 이데올로기 기구이거나, 이를 직접 실현하는 기업으로서의 성격을 노골적으로 드러내고 강화하게 되었습니다. 이는 언론의 보도를 보면 금방 알 수 있습니다. 월간 〈신문과 방송〉 2005년 10월호 특집기사 '재벌보도: 신문의 10년간 10대 광고주 보도변화'를 보면 1995년부터 2005년까지 조선·중앙·동아·한겨레 등 4개 신문사의 10대 광고주 관련기사가 2000년 이후 급증하면서 1995년에 비해 두 배 이상 늘었습니다. 1995년을 100으로 했을 때 전체 기사 건수는 10년간 137로 늘어난 데 비해 광고주 기사 건수는 204로 두 배 이상 증가했습니다. 친기업적 사설이나 칼럼도 비약적으로 증가해서 광고주나 기업에 우호적인 사설·칼럼은 무려 네 배 증가했으며, 정부에 규제 완화를 촉구하는 기사도 비약적으로 늘어나고 있습니다.

대학들조차 시장 논리에 의해 재편되기 시작했습니다. 대학도 경영논리의 도입이 필요하다는 주장과 경쟁에서 이기기 위해 기업의 후원이 필요하다는 요구가 결합하면서 대학이 속속 기업으로 넘어가게 됩니다. 기업의 대학인 수는 기업이 획득한 부를 지식사회에 재투자하는 것을 넘어 대학을 기업의 요구에 맞게 재편하는 과정이기도 했습니다. 언제부턴가 우리 대학은 기업을 위한 직업교육 기관으로 전락했음은 주지의 사실입니다. 대학이란 사회의 지도적 인물, 예컨대 정치가·공무원·시민운동가·교사를 길러내는 곳이어야 함에도 오로지 경쟁력 있는 자격요건(스펙) 키우기에 학생들을 내몰았습니다. 학생들은 공동체적 가치의 실현을 위한 지적 노력보다 자신의 이기적인 목적을 추구하기 위한 학습에 충실히 하고 있습니다. 오늘날 기초학문이나 인문학의 위기는 바로 이러한 대학의 시장 논리 편입과 맞물려 있습니다.

　노무현 정부 들어 시장을 둘러싼 논쟁은 단순히 민주화 논쟁을 교체하는 것에 그치지 않고 보수진영의 진보 개혁세력에 대한 공세의 형태로 전환됐습니다. 보수 언론도 경제 위기론 등을 참여정부의 시장과 기업 관련 정책에 대한 비판 자료로 활용하며 압박을 가했습니다. 이때 나온 것이 이른바 '작은정부론'입니다. 시장은 기본적으로 경쟁을 바탕으로 자기 치유와 문제 해결 능력을 갖추고 있으며, 따라서 규제개혁 등을 통해 정부가 국가의 시장개입을 최소화해야 한다는 것입니다. 미국 시카고학파 혹은 신자유주의의 주장을 충실히 받아들인 것입니다. 작은정부론은 과거 독재정부 시절 시장을 지배해 왔던 권위주의 권력의 청산이라는 시대적 요청과 맞물려 나름대로 정당성을 지니고 있는 것처럼 보였습니다. 그런데 문제는 시장에 대한 민주적 통제에 대한 어떤 대안도 마련되지 않았다는 것입니다. 권위주의 혹은 개입주의가 퇴각하고 난 이후 시장권력은 언론과 연대해 그 영향력을 마구 확대하고 있었음에도 참여정부와 진보진영은 마땅한 견제장치를 마련하지 못한 것입니다.

'권력은 시장에 넘어갔다'는 노무현 대통령 말의 진실과 왜곡

시장에 대한 진보와 보수의 고민을 얘기하자면 빠뜨릴 수 없는 사건이 하나 있습니다. 이른바 '권력이 시장에 넘어갔다'는 노무현 대통령의 발언입니다. 이 말 때문에 급진적 진보진영은 노무현 대통령에게 '대통령으로 뽑아줬더니 시장에 굴복했다'며 집중적인 공격을 퍼부었습니다. 아직도 일부 진보진영 인사들은 노무현 대통령을 '시장에 굴복한' 또는 '백기를 들고 시장에 항복한' 신자유주의자로 생각합니다.

이런 비판은 사실관계를 왜곡한 비판입니다. 앞뒤 맥락을 무시한 전형적인 '말꼬리 잡기'식 왜곡입니다. 대통령의 직무를 수행하면서 우리 사회가 점차 시장의 영역에 의해 포섭되어 감으로써 공공적 가치가 경제적 이익 속에 매몰되어 가는 현실에 대해 언급한 것입니다. 이와 관련된 노무현 대통령의 실제 발언 내용을 보겠습니다.

"… 권력은 시장으로 넘어간 것 같습니다. 우리 사회를 움직이는 힘의 원천이 시장에서 비롯되고 있습니다. 시장에서의 여러 가지 경쟁과 협상에 의해 결정되는 것 같습니다. 정부는 시장을 공정하게 잘 관리하는 것이 중요합니다. 그동안 (정부가) 중소기업 정책을 하면서 나름대로 기여한 바 있겠지만 지금 정책 현실이 정부 정책만으로 해결되지 않는 것 같다는 판단을 합니다. 시장에서 기업 간에 여러 가지 협력이 잘 이뤄져야 비로소 상생협력이 가능하다고 판단을 합니다. 나가보니 우리나라 대기업들은 세계 수준으로 비즈니스를 하고 있어 참 다행스럽고 자랑스럽게 생각합니다. 그런 대기업이 있어 국민들은 미래에 대한 믿음을 갖고 대통령은 큰소리도 갖고 돌아오면 생색을 내고 좋습니다. 매우 고맙게 생각합니다…."

(2005.7.5. 대중소기업 상생협력 주재회의 중)

'권력이 시장으로 넘어간 것 같습니다'라는 표현의 뒤에 이어지는 말을 봅시다. '우리 사회를 움직이는 힘의 원천이 시장에서 비롯되고 있습니다'란 말은 당시 세계적인 추세로 더욱 강력해진 신자유주의의 위력을 언급한 것입니다. 세계 어느 나라도 당시의 신자유주의 태풍을 피해갈 수는 없었던 시대였습니다. '권력이 시장으로 넘어간 것 같습니다'라는 노무현 대통령의 표현은 '그러니 시장에 항복하고 투항해 대통령과 정부의 권력을 시장에 내주겠다'는 말이 결코 아닙니다. 비대해지고 막강해진 시장주의로 인해 '정책 현실이 정부 정책만으로 해결되지 않는 것 같다고 판단된다'면서 '정부가 시장을 공정하게 잘 관리하는 것이 중요'하고 '시장에서는 기업 간에 여러 가지 협력이 잘 이뤄져야 비로소 상생협력이 가능하다'고도 판단했습니다. 이 말은 경제나 시장에 대한 진보적·민주적 원칙을 포기하겠다는 것이 아니라 시장주의 또는 신자유주의의 위험성을 오히려 고발하고 있는 것입니다. 나아가 이와 같은 사실에 따라 우리는 이 시장을 어떻게 민주적·진보적으로 재구성할 것인가에 대해 고민해야 한다는 주문이기도 합니다.

시장이란 무엇인가? 시장의 본질은 경쟁입니다. 시장을 비판하는 자들은 '경쟁이 사회를 피폐화시키고 있다'고 주장합니다. 시장을 옹호하는 자들은 '경쟁을 통해 사회를 효율화·투명화하고 보다 합리적으로 개혁할 수도 있다'고 주장합니다.

이런 경쟁의 논리는 단순히 경제영역에서만 국한되지 않습니다. 한국에서 최근 경쟁을 강조하는 것은 시장에서의 경쟁만이 아니라 경제 이외의 다른 영역을 강제하기 위한 것이기도 합니다. 토지, 에너지, 주택, 식량 등 공공적 재화를 제공하고 공기업의 효율성을 높이기 위해서 경쟁을 도입해야 하고, 그러기 위해서 민영화해야 한다는 논리입니다. 의료민영화, 수도 민영화, 철도 민영화 등 보수세력이 지지한 이명박·박근혜 정부가 들어선 이후 민영화 논리는 이제 모든 국민에게 전혀 낯설지 않은 용어가 되었습니다. 법, 교육, 육아, 보험 등 공공적 가치가 보호되어야 할 사회영역에서도 규제개혁을 통해 경쟁을 높이는 것이 효율성과 발전의 주요한 동력이자 원칙으로 얘기되고 있습니다.

시장이 경쟁을 통해 어떤 분야에서 일정 정도 개혁적 역할을 할 수 있다는 점을 부인할 수 없습니다. 이런 측면에서 시장적 보수는 극우와 구별되는 합리적 보수의 성격을 지닌다고도 말할 수 있습니다.

하지만 이들의 상상력의 한계를 보여주는 것도 바로 이 경쟁으로서의 시장 논리입니다. 이들은 경쟁의 논리 이외에 국가 운영의 정교한 논리를 제공하지 못하고 있기 때문이다. 국가란 복합적 시스템입니다. 경쟁 하나로 우리 사회나 국가의 모든 현안을 해결할 수 있다고 설명하는 것은 매우 유치하고 안일하고 위험한 주장입니다.

시장에서조차 경쟁이 만병통치약은 아닙니다. 시장을 옹호하는 보수주의도 이런 점에 대해서는 난감할 것입니다. 경쟁은 경쟁 참가자들의 공정한 게임의 규칙을 필수조건으로 합니다. 그러나 이미 불평등이 구조화되어 있는 조건에서 경쟁을 강조하는 것은 자칫 불평등 구조를 고착화하기 위한 논리로 동원될 수 있기 때문입니다. 경쟁이 제대로 작동하기 위해서는 최소한의 사회정치적 조건, 즉 기회균등의 조건이 필수적입니다. 경쟁이 모든 사회적 문제를 해결하는 것처럼 주장하는 경우, 경쟁이 문제 해결의 대안이 될 때도 있지만, 오히려 문제를 더욱 악화시키는 원인이 되기도 합니다. 그래서 노무현 대통령은 '권력은 시장으로 넘어간 것 같다'는 냉철한 현실 인식과 함께 '지금 정책 현실이 정부 정책만으로 해결되지 않는 것 같다'는 엄정한 판단을 내리고 '정부는 시장을 공정하게 잘 관리하는 것이 중요하다'는 지적을 한 것입니다. 이런 전체 맥락을 이해하지 못하고 '권력이 시장으로 넘어간 것 같다'는 말만 끄집어내 마치 노무현 대통령이 정치권력·대통령 권력·정부권력을 시장에 통째 내맡기고 투항하겠다는 뜻으로 해석하는 것은 어이없는 왜곡일 뿐입니다. 맥락을 무시한 이런 왜곡된 해석이 일부 언론과 일부 진보진영에 의해 왜곡된 채 또다시 확산되면서 논란을 일으켰던 것입니다.

진보와 보수의 실패: 시장주의와 양극화 문제

시장을 둘러싸고 벌어진 진보와 보수의 논쟁에서 가장 뜨거운 주제는 양극화의 문제입니다. 양극화 문제가 본격적으로 대두된 것은 1997년 IMF 경제위기 이후였습니다. 양극화 사회란 상위 소득자가 국민 전체 소득 대부분을 가져가는 불평등한 사회를 의미합니다. 평등을 중요한 가치로 여기는 진보진영은 말할 것도 없고, 보수세력조차 양극화가 가져올 사회 불안을 걱정하고 있습니다.

진보진영이 생산한 양극화 담론은 진보진영은 물론 보수언론이 민주정부를 공격하는 주요한 수단으로 활용되었습니다. 처음에는 보수언론도 양극화라는 진보진영의 문제 제기에 따라 빈곤층의 실태를 고발하고 이들에 대한 정부의 대책을 촉구하는 대형 기획시리즈를 보도하기도 했습니다. 양극화라는 용어를 직접 쓰지는 않았지만 '신빈곤층', '빈곤의 세습', '노인복지' 등의 구체적 복지 현안을 사회적 어젠다로 부각시켰는데, 돌이켜보면 이는 대부분 참여정부를 공격하기 위한 것이었습니다. 양극화 논란의 변형인 '서민경제론'도 참여정부를 매우 아프게 했습니다. 보수언론은 항상 재래시장과 택시운전기사들을 인터뷰하고 인용해 낡은 보도방식으로 '서민경제가 죽어가고 있다'식의 보도로 참여정부를 공격했습니다. 어느 정부 시절에도 재래시장 상인들과 택시운전기사들은 경기가 좋다는 말을 절대 하지 않는다는 사실을 알면서도 말입니다.

이미 세계화·정보화·고령화라는 시대흐름의 과정에서 양극화가 발생한다는 것이 일반적 분석임이 밝혀지고 있던 만큼, 일국적이고 단기간에 양극화 대안 마련이 현실적으로 가능하지 않은 게 현실입니다. 1990년대 대다수 OECD 국가들도 소득분배가 악화되기 시작했고 사회보장제 확대를 통해 소득분배의 악화를 방지하는 노력을 기울여 왔습니다. 참여정부 시절 전체적으로 거시경제 지표에서 매우 좋은 성과를 냈음에도 서민경제와 양극화 문제에서는 평가가 역전되는 현상이 벌어졌습니다.

우리나라의 경우 양극화가 다른 나라에 비해 상대적으로 덜한 것으로 알려졌습니다. 통계청의 지니계수 조사에서도 미국·영국 등 선진국과 비교할 때 한국의 분배수준은 상대적으로 양호한 것으로 나타납니다. 1990년대 이후 세계화, 정보화 등 구조적 변화와 경제위기 등으로 지니계수가 악화되기 시작했는데, 그 성격을 살펴보면 양극화의 구조적 특징 때문에 결코 해결이 쉽지 않다는 것을 알 수 있습니다. 소득계층 간의 격차뿐 아니라 기업 간의 격차, 고용의 질 격차 등 경제 전반에서 양극화가 진행되고 있었기 때문입니다. 대기업과 중소기업 간의 수익률 격차가 확대되고 실업률은 낮은 수준에서 유지되고 있으나 비정규직이 증가하고 있으며 중간 일자리는 감소했지만 하위 일자리는 증가했습니다. 더욱이 1990년대 후반 이후 성장과 분배의 연결고리가 약화된 점에 주목해야 합니다. 1970~80년대 경제 개발 초기에는 성장의 과실이 확산되면서 소득분배가 개선되는 선순환구조가 유지됐습니다. 그러나 고도성장을 거듭하던 우리 경제가 1980년대 후반 이후부터 성장잠재력 둔화기를 맞고, 더불어 세계화·정보화·중국의 부상이라는 전 지구적인 환경변화와 외환위기를 겪으면서 성장 둔화와 소득분배 악화가 동시에 발생한 것입니다. 또 1990년대 이후 IT산업에 편중된 성장에 따라 중간재 및 부품의 수입의존도가 증가하고 산업간, 수출-내수 간의 연계구조가 악화되면서 생산의 고용창출 능력 저하를 불러왔습니다. 기업의 이익이 늘어나도 투자와 고용으로 이어지지 않아 정부의 경제 활성화 정책만으로 양극화 해소가 어려운 상황에 이른 것입니다.

참여정부가 선택할 수 있는 대안은 양극화의 속도를 약화시키는 것이었습니다. 그중 하나는 복지정책의 전면적 확대였는데, 국민의 정부에서 늘기 시작한 복지예산은 참여정부 들어 비약적으로 증대했음은 통계상으로도 확인할 수 있습니다. 그러나 양극화의 문제에 관한한 참여정부가 전혀 책임이 없다고 주장할 수는 없습니다. 참여정부가 오히려 양극화를 부추겼다는 비판에 대해서는 더 많은 논의가 필요하지만, 최소한 그것을 제어할 수 있는 완벽한 대안을 마련하지 못했다는 의미에서 책임을 피해갈 수 없다고 생각합니다. 하지만 그 지점에서, 그렇다면 진보진영의 대안은 무엇이었는지도 궁금하지 않을 수 없습니다.

시장·경쟁·성장에 대한 반대 주장만으로 진보적 대안을 만들 수는 없습니다. 양극화를 이유로 지난 정부를 실패로 규정하고 비판하는 것이 과연 문제를 해결하는 방식인지 묻고 싶습니다. 문제의 핵심은 진보진영이 양극화에 대한 어떤 대안도 갖고 있지 못했다는 것입니다. 양극화 논란에 대한 진보진영의 대응이 '복지'였다면, 시장권력의 입장에서 대안은 '성장'이었다고 할 수 있습니다. 성장과 복지의 경쟁에서 성장이 대중의 인식 속에서 압도적 우위를 차지하고 있었던 점은, 진보진영이 곤혹스럽겠지만 인정해야 합니다.

참여정부는 이런 국내 정치·여론 상황에서 성장을 포기하지도 복지를 후퇴하지도 않았습니다. 그러나 보수언론은 물론 유권자들은 진보진영의 생각과는 달리 양극화를 해결해 줄 대책으로 사실상 복지 대신 성장을 택했습니다. 보수는 빈곤층 대책을 요구하며 참여정부를 공격했던 때와 달리 이번에는 양극화의 최소화를 위해 사회안전망을 구축해야 한다는 참여정부 정책에 비판적 태도로 돌변했습니다. 개발독재 시절을 경험한 유권자들은 더 많은 성장을 통해 양극화 문제가 해결될 수 있다는 보수언론의 주장을 믿었습니다. 참여정부는 5년간 연평균 4.2%의 실질 경제성장률을 거둬 OECD 국가들과 비교할 때 결코 낮은 성장률이 아님에도 '경제실패' '경제를 포기한 정부'라는 비판을 받았습니다. 왜 더 높은 성장률을 기록하지 못했느냐는 호된 질책을 받았습니다. 이같은 성장론의 압도적 우위는 2007년 대통령 선거에서 '경제를 살리겠다'는 구호를 들고 나온 이명박 후보를 당선시켰던 것입니다.

시장은 복합적 현상이고 복잡하게 얽힌 현실입니다. 시장과 경쟁을 원천적으로 부정할 수는 없습니다. 경쟁이 일상화된 시스템으로 작동되고 있다고 해서 이에 순응해야만 하는 것도 아닙니다. 급진적 진보가 아니라 현실적으로 선택 가능한 진보를 추구한다면 시장을 이념적·문화적으로 쉽게 부정하기보다 시장에 대한 신중하고 예민한 접근이 필요합니다. 문제는 '어떻게 시장과 경쟁을 진보적·민주적으로 재구성할 것인가'입니다.

당신은 신자유주의자?
악마의 주술을 버려라

민주주의를 이야기할 때 가장 민감한 주제 중 하나가 시장과 어떤 관계를 유지할 것인가라고 할 수 있습니다. 신자유주의를 옹호하는 보수세력들은 시장이야말로 경쟁을 통해 사회의 모든 문제를 해결하는 자기 완결성을 지닌 공간이라고 주장합니다. 진보진영은 시장이 불평등을 심화시키거나 공공적 가치를 사익 추구의 수단으로 전락시킬 가능성이 있고 이러한 시장권력 때문에 더 많은 개인이 자유를 확보해야 한다는 민주주의와 균형을 이루기 힘들다고 생각합니다. 그렇다면 진보는 시장경제를 원천적으로 부정해야 하는가? 시장경제는 이전보다 더 많은 사람에게 물질적인 자유를 부여한 것이 사실이며, 이런 점에서 시장이 지니고 있는 일정한 시기의 역사적 진보성을 부정할 수는 없습니다.

시장경제 자체도 하나의 정형화된 형태만 존재하는 것이 아니라 다양한 역사적 형태를 지니고 있는 것이 사실입니다. 가령 미국의 경우 일부 독점재벌에 의한 산업지배와 그것에 기반을 둔 금권정치로 표상되는 '도금의 시대'의 시장, 루스벨트의 뉴딜정책 이후 노동조합의 활성화, 복지정책 확충, 정책 중심의 재정정책 등으로 대표되는 진보주의 시대의 시장, 법인세 및 상속세 감세와 규제 철폐·작은 정부를 주장하는 신자유주의에서의 시장경제가 있는데, 그 성격에서 각각 근본적인 차이를 지니고 있습니다.

또한 이론적·이데올로기적 시장을 부정할 수 있어도 실제 생활에서는 한 개인의 삶 속에 생산·유통·소비가 복잡하게 작동하고 있는 만큼 현실적으로 가능한 진보를 추구하는 '제도적 진보'로서 시장경제 자체를 부정하는 것은 결코 의미 있는 일이 아닙니다. 중요한 것은 시장 자체를 부정하는 것이 아니라 '어떤 시장이냐'라는 점이며, 시장의 문제점을 극복하기 위해 '국가가 어떤 역할을 어디까지 할 것인가'입니다.

신자유주의를 둘러싼 진보의 오류

한국에서 시장주의 또는 신자유주의 논란이 본격적으로 시작된 것은 1997년 IMF 경제위기 이후로 추정됩니다. 국제통화기금(IMF)의 요구로 광범위한 구조조정과 노동의 유연화가 진행되고 이에 따라 사회적 빈부 격차가 확대되었습니다. 애초의 신자유주의는 글로벌 금융자본의 세계화와 그것에 필요한 행정적 조치를 가리키는 의미로 사용되었습니다. 특히 현실을 분석하거나 설명하기 위한 과학적·학술적 용어가 아니라 상대를 이데올로기적으로 공격하기 위한 용어로 사용되고 있습니다. 결국, 공격 대상은 IMF 경제위기 이후 출범한 국민의 정부와 참여정부였습니다. 특히 진보진영에서 신자유주의란 말은 이데올로기적 의미에 도덕적 의미가 더욱 부각된 채, 자신이 비판하고자 하는 대상을 악마화하는 주술(呪術)과 같은 용어로 사용되고 있습니다.

나아가 이데올로기적 공격의 효과를 높이기 위해 신자유주의를 과거의 민주-반민주 같은 전형적인 이분법과 도덕주의적 운동으로 동원해 '악마의 주술화' 효과를 극대화하려 했습니다. 특히 개방에 관한 이러한 이분법에 기초하여 국민을 편향적으로 동원했으며 그 대표적인 것이 한미FTA였습니다.

문제는 이런 '악마의 주술' 효과가 의도치 않은 결과를 가져왔다는 것입니다. 현실적으로 선택 가능한 제도적 진보의 영역을 봉쇄해 버린 것입니다. 오늘날 우리가 자본주의를 근본적으로 지양할 수 있는 전략이 마련되어 있지 않다면 시장과 경쟁을 현실적으로 부정할 수는 없습니다. 자본주의가 탐욕과 착취 등을 비롯한 수많은 문제를 안고 있는 것이 사실이지만, 이것 또한 인류가 이룩한 주요한 진보적 성과 중의 하나입니다. 신자유주의 비판은 자칫 현실적 대안도 없으면서 시장과 경쟁을 원천적으로 부정하는 것과 같은 효과를 일으키는 것입니다. 시장과 경쟁을 완전히 부정하고 살 수 없는 것이 현실이라면 우리의 선택은 '나쁜 시장'과 '나쁜 경쟁'을 대신하여 '좋은 경쟁'과 '좋은 시장'을 만들어가는 방향이 되어야 합니다. 그러나 진보 진영의 신자유주의 비판은 그 의도와 달리 이러한 현실적 고민 없이 도덕적 이분법에 의해 그 어떤 가능성도 부정하는 결과를 낳았습니다. 일부 진보적 지식인들 가운데 구체적인 정책에 대한 고려보다 그 정책이 시장이나 경쟁의 요소가 포함되기만 하면 이를 추상적이고 이데올로기적인 수준에서 몽땅 '신자유주의적'이라고 규정했던 것입니다.

시장과 경쟁을 완전히 부정하는 것이 불가능하다면 그것을 도덕적•추상적으로 부정하는 것은 무책임한 일입니다. 국민의 정부와 참여정부는 제도의 틀 안에서 신자유주의적 세계 질서 재편으로 인해 나타난 사회 양극화 등의 사회적 위기에 대해 나름대로 대응하려고 노력한 것만은 사실입니다. 국민의 정부는 '민주주의와 시장경제의 병행발전' 전략에 따라 IMF 위기로 야기된 사회적 갈등을 복지정책 –생산적 복지, 4대 보험, 국민기초생활보장법 등 도입– 을 통해 보완하려 했습니다. 참여정부도 이를 이어받아 성장과 분배를 동시에 해결하기 위한 동반성장 정책을 다양하게 개발하고 실현하려 했습니다.

그동안 우리 진보는 '신자유주의냐 아니냐' 또는 '시장이냐 국가냐'라는 이분법적 시각만을 드러내고 강요해왔습니다. 심지어 신자유주의에 대해 '악마의 주술'을 걸어왔습니다. 그러나 이제 이런 이분법으로 오늘날의 여러 가지 위기를 넘어서는 것이 현실적으로 불가능하다는 것입니다.

서구 유럽은 국가의 개입이 시장의 불평등을 완화시켜 주고 시장의 윤리성을 보완할 수 있었지만, 그렇다고 해서 시장이 일으킨 문제를 근본적으로 해결할 수 있는 것은 아니라는 사실을 깨닫고 있습니다. 국가의 개입으로 복지국가적 조치들이 확대했더니 국가의 재정위기가 닥친 것입니다. 더구나 신자유주의 세계화에 따른 금융시장의 급속한 글로벌화는 국가 개입으로만 자본의 흐름을 제어하는 것이 사실상 불가능하게 만들었습니다. 특히 우리의 경우 권위주의 국가 경험 속에서 국가가 정당성을 확보하기가 쉽지 않았던 만큼, 시민을 대신해 국가가 시장에 대해 공공적으로 통제한다는 것은 근본적으로 불가능한 측면이 있었습니다.

물론 그렇다고 시장이 유일한 대안이라는 것은 아닙니다. 최근 30여 년의 세계 경제사가 그것을 입증하고 있습니다. 1970년대 이후 신자유주의가 지배적이었던 보수주의 기간 미국의 경우 성장률은 더 떨어졌고 빈부격차는 더욱 심화되었습니다. 시장과 성장을 통한 고용창출로 불평등과 복지를 해결하겠다는 애초의 가정 자체가 성립될 수 없음이 입증되었던 것입니다. 가장 선진적인 것으로 평가받았던 미국의 금융시스템에서 위기가 초래된 만큼 이제 미국은 세계 시장을 이끌어 갈 도덕적 우월성을 갖지 못하게 되었습니다. 또한, 이를 통해 시장이 국가의 실패를 보완, 교정할 수 없다는 것도 증명되었습니다.

또 신자유주의 비판 자체가 무의미하다고 말하는 것은 아닙니다. 1997년 IMF 경제위기로부터 시작한 신자유주의 혹은 세계화에 대한 비판은 진보진영에게 절차적·형식적 민주화 이후의 양극화 문제와 실질적 민주주의의 중요성을 부각시킨 측면이 분명히 있습니다. 나아가 글로벌 금융자본의 본질과 그 운동방식을 이해하는 데 크게 기여한 것을 부정하지 않습니다.

중요한 것은 진보 진영이 민주정부에 대한 비판 수준에 그쳐 IMF 경제위기 이후 양극화 극복과 사회경제적 민주주의 확대, 그리고 새로운 성장동력의 창출이라는 사회적 과제에 대한 대안적 발전모델을 창출하는 데 실패했다는 점입니다. 신자유주의 혹은 세계화란 용어가 도덕적·이데올로기적으로 사용되는 상황에서 대안 정책모델 개발의 실패에 대한 성찰보다는 정책 행위자를 악마화하는 데 급급해 현실적으로 가능한 구체적 대안마저 외면하지 않았느냐는 것입니다.

개별적 정책이 구체적으로 어떤 요인에 의해, 어떤 수단에 의해 추진되고 또 좌절되는지를 관찰해야 합니다. 구체적인 사안 하나하나에 어떤 것이 시장적 요소이고 어떤 것이 공공적 수단인지, 어떤 정책수단에 의해 시장의 효율성(경쟁)과 국가의 공공성을 적절히 결합시켜 나갈 수 있을지, 그 구체적인 수단을 찾아내야 합니다. 특히 한국처럼 시장권력이 관료사회에 광범위하게 영향을 미치는 상황에서 신자유주의로 무장한 시장권력의 압력을 관료들로서는 현실적으로 방어하기 힘든 측면이 있습니다. 보수언론이 시장권력과 결탁해 우리사회의 중심적 권력의 축을 형성한 오늘의 시점에서야 더 말할 필요가 없습니다.

기존의 정책 변화는 어떤 혁명적 방식으로 새로운 정책을 도입하거나 정착시킬 수는 없습니다. 필자의 국정 경험을 바탕으로 시장과 정부의 관계가 만들어내는 몇 가지 쟁점을 보면, 우선 복지 재원 확보의 문제를 들 수 있습니다. 예산 편성 상 우리의 경우 국방비, 교육비, 건설 분야는 다른 곳에 비해 상대적으로 많은 예산이 투입되고 있습니다. 이런 요소들이 사회적으로 요구되는 복지를 확대하고자 할 때 한계로 작용해 왔습니다. 그렇다면 이 복지비용을 어디서 조달할 것인가? 어느 예산에서 무엇을 삭감할 것이며, 그것을 가능하게 하기 위한 정책환경을 어떻게 조성할 것인가? 시장의 도입으로 보완하는 방법은 없는가? 사회적 기업처럼 기업의 이윤을 창출하는 방식을 활용해 복지비용을 최소화하는 대안이 될 수 있는가? 최저소득층에는 국가가 집중적으로 지원하고 나머지 영역에서는 시장을 적극 도입해

활용하는 것이 가능한가? 이것이 자칫 국가가 보장해야 할 제도를 근본적으로 붕괴시킬 가능성은 없는가? 이러한 구체적이고 다각적인 고민이 수반되어야 비로소 진보진영의 고민이 정책으로 현실 속에서 의미를 찾을 수 있다는 얘깁니다. 성장주의에 매몰됐던 재정의 목표가 복지의 확충과 인적투자 등을 비롯한 사회적 투자로 전환해야 한다는 것도 진보진영에서는 당연하게 생각하겠지만 실제로는 광범위한 이해관계 당사자들이 존재하는 것이어서 재정투자의 혁명적 전환이 결코 쉽지 않습니다. 또 공정거래와 독점감시 등 산업 정책에서도 고용과 투자를 맡은 기업과 어떤 지점에서 타협할 것인지도 구체적이어야 합니다. 경제위기를 조장하는 언론은 항상 공정하고 투명한 시장에 대한 국가의 감시를 제약하는 요인으로 작용합니다.

이외에도 시장-국가의 관계가 영향을 미치는 구체적 분야와 관련된 쟁점들은 수없이 많습니다. 시장-국가의 이분법과 관련해 그것이 현실 정책에서는 매우 복합적이고 다양한 양상으로 나타나는 만큼 이념적 잣대로 단순하게 특정 정책을 쉽게 평가할 수 없다는 얘깁니다. 시장과 국가의 관계는 단순한 이론의 관계가 아니라 현실의 관계이며, 치열한 권력투쟁의 산물임을 인식할 필요가 있습니다. '좌파'니 '신자유주의'니 하는 평가는 한가한 평론가들의 영역일 뿐이며, 좌파적 정책이든 신자유주의적 정책이든 어떻게 하면 치열한 현실 속에서 진보적 방향으로 조금이나마 사회를 변화를 이뤄낼 수 있느냐가 중요하다는 점을 강조하고 싶습니다.

진보에 던지는 두 가지 질문 -
대안은? 유효한가?

"한국 진보학자들의 끊임없는 헛소리 행진은 담론 소비자와 멀리 떨어진 따뜻한 온실에 앉아서 소비자의 고뇌와 대중의 현실감각을 제대로 알지 못하는 구조와 관련이 있다고 보기 때문이다. 소통은 노무현과 열린우리당 의원만의 문제가 아니다… 진보진영 전반의 문제이자 한국 사회 전반의 문제이다."

이 글은 김대호 사회디자인연구소 소장이 2008년 5월 〈진보의 착각〉이라는 제목으로 한 신문에 올린 글입니다. 보수가 권력을 사익화(私益化)하는 문제가 있다고 앞에서 지적한 바 있는데, 진보 개념을 특권적으로 전유함으로써 사실상 사익화하는 현상이 우리 진보진영의 경우도 예외가 아니라는 점을 지적한 글이라고 생각합니다.

과거 1980년대에는 진보진영이 개량주의 또는 기회주의라는 문제를 놓고 내부에서 험악하게 싸웠다면, 최근에는 신자유주의냐 아니냐 때문에 치열한 비판과 설전이 오가고 있습니다. 시장과 경쟁원리에 대해 우호적으로 얘기하거나 불가피성을 강조하는 순간 '당신은 신자유주의를 옹호하는 거냐'는 질문이 날아옵니다. 신자유주의냐 아니냐는 마치 걸면 어쩔 수 없이 걸려드는 악마의 주술이 되었습니다. 일부 편협한 진보주의는 상식적인 차원의 진보적 경향을 자신의 극단적 진보이념의 잣대로 평가함으로써 악마의 주술 같은 뒤틀린 논리를 만들고 이를 무기로 진보주의를 배타적으로 특권화·사익화하려 하고 있습니다.

참여정부를 거치면서 한국의 진보에 대한 우려와 걱정이 많습니다. '보수는 부패로 망하고 진보는 싸우다 망한다'는 우스갯말이 있는데, 우리 진보 진영을 보면 우선 스스로에 대한 건강한 비판과 성찰이 부족한 게 아니냐는 걱정이 앞섭니다. 건강한 비판과 성찰이 부족하니 올바른 대안과 비전을 마련할 리 없습니다. 그러다 보니 진보 이념을 특권화·사익화하려 하고 '너는 신자유주의냐 아니냐'는 식의 편협한 질문만을 던지는 것입니다. 한마디로 진보도 위기에 빠진 것 아니냐는 걱정과 불안을 떨칠 수가 없습니다. 진보는 현실의 변화에 대한 끊임없는 관찰과 고민, 사람에 대한 따뜻한 배려와 이해, 그리고 그 속에서 미래지향적인 대안을 마련해야 합니다. 그래야 진보가 당당히 설 수 있고, 또 그래야 한국 사회가 진보-보수의 균형 속에 발전해 나갈 수 있습니다.

진보의 위기를 가져온 도전은 대체로 4가지로 나누어 설명할 수 있습니다. 첫째, 진보에 대한 새로운 도전은 1997년 말 IMF 경제위기로부터 나타난 세계화와 그로부터 야기된 양극화에서 시작됐습니다. 1987년 민주화 체제를 이끌어 온 한국의 진보가 IMF 경제위기로부터 야기된 세계화의 의제와 과제에 대해 현실적인 대응력을 보여주지 못했다는 비판과 자성론이 진보진영 내부에서도 대두된 바 있습니다. IMF 경제위기를 극복하는 과정에서 사회경제적 양극화, 그에 따른 민주적 기반의 상실 등 다양한 위기가 드러났음에도 이에 대해 적절히 대응하지 못했다는 것입니다. 사실 세계화의 진전으로 인해 한국사회 내부에도 세계 사회와 다양하고도 개방적인 네트워크가 형성되고 있었고 이에 따라 사회정치 세력 및 이데올로기 지형의 다원적이고 중층적인 재구조화가 불가피했습니다. 그러나 한국 진보는 이런 거시적 변화에 대응하는 국가 전략적 모델을 제시하는 데 그리 성공적이지 못했습니다. 오히려 세계화에 대한 날 선 비판을 가함으로써 '진보다운' 도덕적 명분을 얻긴 했지만 대안 담론을 만들어 내는 '책임 있는' 진보의 역할은 제대로 하지 못했다는 것입니다.

둘째, 정보통신 기술의 발달과 관련된 사회의 제도화에 대한 고민도 부족했습니다. 정보통신 기술의 발전은 한 사회 내부에서 관계방식의 변화를 가져옵니다. 진보는 이러한 변화를 어떻게 진보적 방식으로 제도화할 것인가를 고민하고 또 진보적 제도의 대안을 선제적으로 제기함으로써 한국 사회의 진보에 기여할 기회가 있었습니다. 특히 2008년 촛불시위의 경우처럼 정보기술의 급속한 발전은 정보화된 시민의 폭발적 정치참여를 가져왔습니다. 촛불의 힘은 노조와 정당 같은 기존의 엘리트주의적·관료제적 조직과 제도만으로는 사회변혁운동이 한계에 부닥칠 것이라는 점을 보여주었습니다. 예컨대 이미 과거의 관료제적 조직에 의존하고 있는 노조운동 방식이 인터넷을 중심으로 형성되고 있는 다양한 공동체에 비해 대중적 설득력이 현격히 뒤떨어지고 있음이 증명된 것입니다. 그럼에도 한국의 진보는 네티즌의 정치적 동원에만 집중하고 있을 뿐 자신들의 제도혁신 노력을 충분히 이뤄내지 못해왔습니다.

셋째, 탈냉전 이후의 세계화 시대에 분단 문제를 어떻게 볼 것인가도 중요한 도전 중의 하나라 할 수 있습니다. 이미 과거 냉전 시대의 관점에서 분단 극복의 문제를 설명하거나 같은 민족이라는 이유로 통일을 기정사실화 하는 것은 점점 설득력을 잃어가고 있다는 것을 진보도 잘 알고 있을 것입니다. 보다 중요한 것은 세계화 시대에 북한을 어떻게 자리매김하고, 그 속에서 남북분단을 어떤 전망 속에서 바라보는 것이 진보적 대안인지 찾아야 할 시점이라는 얘깁니다. 한국의 진보는 세계적 수준에서 분단의 의미가 무엇이며 세계화 시대에 어떤 전망을 갖고 이에 대응할 것인지 고민해야 하며 분단과 세계화라는 복합적 현실을 극복하기 위한 새로운 정체성 정립을 위한 노력이 필요합니다.

넷째, 민주정부 10년을 거치면서 대중들의 생활정치 영역은 크게 넓어졌습니다. 시민들은 생활세계의 문제에 더 많은 관심을 갖기 시작했습니다. 여성·환경·젠더·평화 등 생활 문화중심의 미시적이고 일상적 운동들이 나타나기 시작했습니다. 2008년 우리는 이러한 생활정치 영역의 의제가 얼마나 중요한지 분명하게 경험했습니다. 미국 쇠고기 수입으로 야기된 촛불시위는 먹을거리라는 생활상의 소재가 얼마나 정치적 폭발력을 지니는지 보여주었고, 시민들이 다른 어떤 정치적 의제보다도 생활을 위협하는 정치적 결정에 훨씬 더 민감하게 반응하고 있음을 잘 보여주었습니다. 국제적인 진보운동도 이러한 탈이념적, 탈 물질적 자기혁신과 운동양식으로 변화하면서 새로운 시대에 부응하려 하고 있습니다. 하지만 한국의 진보는 이런 탈이념적이고 탈 물질적 가치의 증대에 따른 시민운동 주체의 다양화에 대해 전략적 고민이 부재했습니다. 기존의 민주-반민주 구도는 약화되었습니다. 이제 우리도 이들 생활상의 문제에 기반을 둔 공동체 운동에 관심을 기울일 필요가 있습니다. 운동주체의 다원화를 추구하는 것은 물론 이와 더불어 권력 장악을 중심으로 하는 과잉 정치화에 대해 반성할 필요가 있으며 이러한 반성을 토대로 지속가능한 새로운 진보정치 운동을 개발할 필요가 있다는 것입니다.

진보의 위기는 전통적·관념적 의제에 집착해 운동 양식의 변화나 자기혁신을 거부하는 것에 있다고 하겠습니다. 특정 쟁점을 둘러싼 입장만을 진보라고 특권화하면 이는 진보를 사유화하는 것에 불과합니다. 이들의 진보 독점화 경향은 대중과의 소통을 포기하는 대신 자신들의 분파성과 사익만 강화할 뿐입니다. 요즘 대중조직인 노조운동이 출발 당시의 공동체적 가치는 상실되고 오로지 조직의 이익을 보호하는 것 이상을 넘어서지 못하고 있다는 비판이 제기되고 있는 것이 이런 이유 때문입니다.

진보 지식인과 언론은 지난 2006년 5.31 지방선거에서 여당이 참패하자 '진보의 위기'를 말하기 시작했습니다. 〈경향신문〉은 그 해 9월 13일부터 12월 21일까지 진보의 위기와 관련된 기획특집 '진보개혁의 위기'를 연재한 적이 있습니다. '1987년 민주화 체제의 위기'로 시작해서 나중에는 여러 진보 매체를 중심으로 '진보개혁의 위기'와 관련된 논의로 더욱 확장되었습니다. 그러나 불행하게도 당시 진보 매체가 제기한 진보위기론은 그 내용 면에서 보면 사실상 '참여정부

실패론'에 불과했습니다. 더욱이 이러한 비판들은 상당부분 보수 언론이 참여정부를 공격하기 위해 만들어 낸 소재나 논리와 크게 다르지 않았습니다. 진보위기론은 참여정부 실패론에 이어 결국 진보무능론으로 이어졌고, 이는 진보·민주·개혁진영 전체의 도덕적•이데올로기적 무력화를 시도해 온 보수세력의 전략에 동원되는 결과를 초래했던 것입니다. 진보의 위기가 참여정부 비판론을 넘어서는 역할을 하지 못했으며 일부 진보지식인과 진보매체들의 비판적 성찰과 대안적 논의가 기대만큼 활발하게 나타나지도 못했습니다.

물론 참여정부도 진보의 위기에 대해 책임을 피해갈 수 없다고 생각합니다. 수많은 현안에 대해 참여정부는 나름의 판단에 따라 정책을 추진해 왔습니다. 이 정책들은 기존의 진보진영이 다루어보지 못한 현안들이 대부분이었습니다. 성장, 고용, 외교, 복지, 국방, 주거 등 정부를 운영하는 입장에서는 과거와 혁명적으로 차별되는 정책을 일시에 진행하는 것이 결코 쉬운 일이 아닙니다. 진보든 보수든 제도의 범위 내에서는 정책 선택의 범위가 매우 제한되어 있으며, 책임 있는 진보가 되기 위해서는 기존의 성과와 질서를 존중하지 않을 수 없기 때문입니다.

김대중·노무현 민주정부 10년, 진보인가 보수인가

　미국 공화당은 보수주의 정당이지만 공화당 소속의 닉슨 대통령은 진보정책을 추진한 것으로 잘 알려졌습니다. 사회보장 지급액을 인플레이션에 연동시켰고, 저소득층 생활보조금 제도를 마련했으며, 심지어 지금 오바마 대통령이 정치적 승부수를 던지고 있는 국민의료보험까지 도입하려 했습니다. 반면, 미국 민주당의 클린턴 대통령이나 영국 노동당의 토니 블레어는 글로벌 금융자본의 세계화와 시장의 역할을 일정 부분 수용하면서 친시장적 정책을 수용했습니다. 그렇다면 닉슨의 공화당 정부는 진보정부입니까? 클린턴의 민주당 정부와 토니블레어의 정부는 보수정부입니까?

　결론적으로 말하면, 복합적이고 중층적인 요소를 배제한 채 한 두 가지 정책이나 노선만을 가지고 어떤 정부를 신자유주의 정부다 아니다, 진보정부다 보수정부다라고 쉽게 재단할 수는 없다는 것입니다. 폴 크루그먼이 쓴 〈미래를 말하다〉에서처럼 거대한 진보의 시대와 보수의 시대만 있을 따름입니다. 그 속에서 개별 정책이나 정부가 선택할 수 있는 것은 매우 제한적이라는 것입니다.

진보냐 보수냐의 이분법이 아니라 큰 흐름에서 진보의 시대냐 보수의 시대냐란 분류에 주목한 것은 노무현 대통령도 마찬가지였습니다. 노 대통령은 우리 사회의 근본 프레임을 바꾸는 진보와 민주주의를 위한 교과서를 꼭 쓰고 싶어 했습니다. 그 중심 개념은 '진보'였고 이를 통해 '선(先)투자·후(後)복지라는 50여 년 이어온 성장 중심의 틀을 근본적으로 바꾸고 싶어 했습니다. 그는 이 시대의 진보정치는 무엇이며 어떻게 가능한가라는 문제의식을 폴 크루그먼의 책을 통해 다시 확인한 것입니다.

　　노 대통령은 '과연 국민의 정부와 참여정부는 진보정권이었나?'라는 물음을 자주 제기했습니다. 같은 맥락에서 노 대통령은 토니 블레어의 '제3의 길'을 놓고 이것이 시장에 굴복한 불가피한 선택인가, 아니면 갱신을 위한 자율적 선택인가라고 질문을 던지기도 했습니다.

　　이 물음에는 진보정부 혹은 보수정부가 할 수 있는 일의 가능성은 어디까지인가 하는 문제에 대한 성찰도 포함되어 있습니다. 또 복지정책, 청년실업, 양극화에 대한 아쉬움과 회한도 깔렸으며, 이를 근본적으로 해결하기 위한 진보적 대안을 찾아보려는 정책적 노력의 필요성을 절감하고 있음을 반영한 것이기도 합니다.

　　급진적 혁명적 진보에서 제도적 진보가 분화되기 시작한 것은 1990년대 이후입니다. 시민운동의 등장과 함께 1998년 민주정부의 등장은 바로 현실적인 제도 속에서 진보정책을 추진할 수 있는 교두보를 마련했습니다. 그럼에도 우리 진보진영에는 구체적 실천이 아니라 인식과 이론에서 여전히 반자본주의, 반세계화 인식을 중심으로 하는 혁명적 진보가 맹위를 떨치고 있습니다. 이들의 입장에서 보면 지난 민주정부 10년은 신자유주의가 확대되는 시간이었을 것입니다. 보수세력이 주장하는 것과 같은 '잃어버린 10년'인 셈입니다. 물론 잘했느냐 못했느냐의 평가와 차이는 분명히 있습니다. 개별 정책에 따라 평가가 달라질 수도 있습니다. 하지만 상식적으로 이해될 수 있는 진보, 즉 현실적으로 가능한 역사의 진보를 말한다면 민주정부의 10년은 명백히 진보의 시간이었습니다. 최근 이명박·박근혜의 보수정당으로 정권이 교체되고 난 이후 체험적으로 입증되고 있지 않습니까?

노무현 대통령과 김대중 대통령은 세상을 떠났습니다. 유업은 우리에게 남겨졌습니다. 유업을 계승하기 위해서는 창조적으로 진보를 재구성해야 하는 막중한 과제를 책임져야 합니다. 그 유업이란 무엇입니까?

노무현 대통령이 고민하며 대안을 찾고자 했던 문제의 핵심은 '진보주의 정치의 회복'이었습니다. 권위주의 권력연합이라 부를 수 있는 과거 공안권력과 보수언론, 그리고 권위주의 정치세력의 연합체가 복귀하면서 노 대통령은 진보정치에 대한 고민과 함께 스러졌습니다. 과연 이런 상태로 진보주의 정치는 재집권할 수 있는가? 재집권하더라도 진보주의 정치는 김대중·노무현 대통령과 달리 지속적인 정치적 위기로부터 자유로울 수 있는가? 어떻게 진보주의 정치를 지속 가능하게 할 것인가? 노 대통령이 고민했던 문제입니다. 또 스스로 몸을 던져 보여주고자 했던 의제는 바로 이것이었습니다. 이에 대해 분명한 대답을 하지 않거나 회피해서는 진보주의 정치가 앞으로 지속가능이 어려울 것이라고 저는 확신합니다.

지속가능한 진보정치를 위해 노무현 대통령이 추구했던 일은 바로 특권의 폐지였습니다. 특권 구조를 가능하게 한 지역주의와 언론구조 개혁이 무엇보다 중요했다고 판단했습니다. 진보주의 다른 중요한 의제들도 있지만, 이 두 가지가 해결되지 않으면 특권폐지란 불가능하며 다른 진보적 가치들을 현실 정치에서 실현하기도 어렵다고 본 것입니다. 진보가 무엇입니까? 보다 많은 사람들이 살만한 세상을 만드는 것입니다. 정당 재편과 새로운 정치차원의 진입도 중요하지만, 기본적으로 특권을 남겨두고서는 진보적 가치를 실현할 수 없습니다.

지식사회에서는 오래전부터 시민사회를 우리 사회의 진보적 재구조화를 위한 출발점이자 동력으로 인식해 왔습니다. 1980년대부터 시작한 혁명적 진보주의 운동의 전통과 다양한 진보적 대중단체들, 그리고 1990년대에 새롭게 확보된 제도적 공간에서 새로운 형태의 시민운동이 활성화되었습니다. 하지만 이들 운동이 오늘날 보여주는 결과는 진보적 비전과 공동체적 정신이 부족한 상황입니다. 게다가 보수주의 담론에 종속된 모습도 보입니다. 우리 시민사회는 오히려 상업주의와 지역주의에 오염되어 독자적으로 합리성을 생산하고 경제와 정치를 진보적으로 재구성할 역량을 갖지 못하고 있습니다. 이런 상황에서 시민은 개별적이고 고립적으로 존재할 뿐 이들 자신의 생활세계조차 '권위주의 권력연대'의 회귀적 공세로부터 자신을 방어할 수 없게 된 것이 현실입니다.

한국 진보정치의 지속가능성과 관련된 문제는 바로 이 지점에서 발생합니다. 진보정치와 시민 사이의 유리된 추상적인 관계가 핵심적인 문제였습니다. 양자 사이의 관계는 선거와 촛불시위 등 우발적 계기를 제외하고 서로 고립적으로 존재합니다. 시민들이 조직화되어 있는 것도 아니고 진보주의 정치와 연대할 수 있는 형식이 마련되어 있는 것도 아닙니다. 대신 교육, 법조, 종교, 지식, 그리고 이것을 정치적으로 동원하는 언론 등의 제도화된 권력은 진보주의 정치와 시민을 유리시켜 일상적으로 진보주의 정치를 위협해 왔습니다. 의회는 반공이데올로기와 지역주의로 인해 민주주의의 핵심제도인 대의제의 위기를 스스로 불러오고 있습니다. 시민들도 자신의 사회경제적 이익을 투표를 통해 반영하기보다는 지역주의 등과 같은 허구적 어젠다에 표를 던지는 계급배반적 투표를 해왔습니다.

노무현 대통령의 묘비에 새겨진 '민주주의 최후의 보루는 깨어있는 시민의 조직된 힘'이라는 문구도 이런 문제의식을 그대로 담고 있습니다. 시민들이 진보를 향해 깨어 있어야 하며, 깨어 있는 시민이라 하더라도 상업주의·지역주의로 인해 오염된 시민사회에서 고립적으로 존립할 때에는 권위주의 연합권력의 공격에서 스스로를 방어할 수 없기 때문에 시민 스스로 창발적으로 조직화해야 한다는 것입니다. 또 깨어 있는 시민들의 조직화를 기반으로 진보주의 정치와 연대하지 않고서는 지속가능한 진보주의 정치를 보장할 수 없습니다. 설령 우연히 진보주의 정치가 성립되더라도 김대중·노무현 대통령의 경우처럼 정치적 위기에 처할 수밖에 없을 것입니다.

그렇다면 이런 시민들의 연대화, 조직화는 어떻게 가능할까? 이를 공동체 운동에서 찾고자 합니다. 여기서 공동체 운동이란 과거 농촌의 혈연공동체로 되돌아가거나 파시즘적 전체주의 논리가 아닙니다.

한국 사회는 자유주의냐 공동체주의냐 하는 양자택일적 논쟁구도가 뿌리 깊게 자리 잡아 왔는데, 그 속에서 공동체주의는 마치 전체주의 일종처럼 곡해되었고 공동체 운동은 전통적인 농촌 공동체로 회귀를 주장하는 것처럼 오해도 받았습니다.

필자가 주장하는 것은 '진보적' 공동체입니다. 공동체의 핵심은 구성원들의 연대 양식이며, 그것으로 그 공동체의 진보성 여부가 결정됩니다. 이 진보적 연대 양식의 핵심은 창발성과 자기조직화라 할 수 있습니다. 구성원들이 창발적으로 참여하고 스스로 조직화해서 체계적으로 발전시켜 나가는 공동체입니다. 민주주의는 국가체제에서 시작해 생활세계로까지 확장되고 있습니다. 이제 필요한 것은 '생활세계의 진보적 재구성'입니다. 진보적 공동체 정신을 바탕으로 정치체제는 물론 사회경제 체제와 그것을 작동하는 제도권력을 진보적으로 재조직화해야 진보주의의 지속가능성을 보장할 수 있습니다.

노무현을 계승하는 것은 단순히 정당을 통한 행위나 활동에 국한될 필요가 없습니다. 정당적 방식 또는 정치적 방식으로 노무현 정신의 계승을 협소화하지 말고 오히려 정치적인 것을 생활세계 영역으로 확대함으로써 노무현 가치의 적용범위를 더욱 확장해야 합니다. 정치가 정당에만 국한하지 않는 것처럼 노무현을 계승하는 작업도 정당의 영역에만 국한할 필요가 없는 것입니다.

이는 제레미 리프킨이 설명한 '유러피안 드림'이 1968년 유럽 학생 운동의 정치적 실패와 생활세계 운동의 성공으로 이어지는 진보주의 정치의 장구한 노력의 결과라는 점과 맞닿아 있습니다. 정치라는 것은 그 시대의 의제를 제시하고 그것을 통해 대중을 조직화하여 다수를 만들어가는 경쟁을 하는 과정입니다. 오늘날 진보주의 핵심은 중도를 포괄하지 못한 데 있는 것 아니냐는 질문을 하는데, 이는 핵심을 잘못 짚은 것입니다. 문제는 중도가 아니라 생활 세계의 공간 속에서 새로운 접합점을 찾지 못하고 있는 것입니다. 노무현의 가치가 무엇인가? 그것은 '본질적으로 사고하는 것'입니다. 노 대통령은 '나 같은 불행한 대통령이 나오지 않으려면 어떻게 정치를 재구성해야 하는가'라는 본질적 질문을 던졌습니다. 노무현 계승의 주체는 스스로 '조직화된 힘'으로 꾸려가는 '깨어 있는 시민들' 바로 자신입니다.

진보·보수를 가르는 기준
: 개방·양극화·성장주의

개방을 어떻게 볼 것인가

한반도 역사에서 개방은 이분법적 딜레마를 벗어나기 힘들었습니다. 조선말 외세에 의한 개방에 대해 우리는 이를 매국이냐 아니냐의 기준으로 평가하려 했습니다. '개방=매국', '쇄국=애국'이라는 편협한 도식이 늘 우리 앞에 주어졌습니다. 일제라는 외세(外勢)에 36년을 식민지로 혹독히 지배당하면서 민중이 갖고 있는 외세에 대한 거부감은 이렇게 무의식에 뿌리내렸습니다. 외세에 대한 거부감은 정치적 지배뿐 아니라 시장에 의한 지배에 대한 공포심도 불러왔습니다. 시장을 개방하는 것은 외세에 경제적·상업적으로 심지어 문화적으로 종속되고 지배당할 수 있다는 일종의 피해의식입니다. 이런 이분법적 딜레마는 어떤 경우는 어느 정도 진실일 수 있지만, 대개 개방을 이해하는 주체적 역량의 결핍에서 비롯한 것이라고 할 수 있습니다.

일제강점기를 거쳐 해방 이후까지도 외세나 개방을 바라보는 기본 관점은 별로 달라지지 않았습니다. 반외세 민족주의는 더욱 확고한 역사적 정당성을 확보했고, 해방 이후 이승만 독재정권은 냉전적 성격을 강화하고 민족문제에 대해서 퇴행적으로 대응함으로써 오히려 반외세 민족주의를 급진적 진보로 자리매김하도록 했습니다. 1990년대부터 시작된 우리나라의 세계화 과정에서도 이런 흐름은 그대로 나타나서 주체적인 대응에 장애를 가져다준 측면이 있습니다. 세계화에 대한 권위주의 체제 대응의 미숙함이 IMF 경제위기를 불러왔지만, 진보진영도 세계화를 이분법에 의존해 비판하려 했을 뿐 거시적 변화에 따른 사회의 다원화, 복잡화에 능동적으로 대응하지 못한 것이 사실입니다. 세계화는 기존의 경험과 근본적으로 다른 차원의 도전이었던 만큼 진보의 도덕적, 정치적 우월성만으로는 감당하기 어려운, 새로운 과제였습니다. 진보진영은 주로 감정적 적대감으로 국민들을 개방 반대투쟁에 동원하는 데에만 모든 노력을 기울이는 오류를 범했습니다. 그렇지만 세계화가 가져다준 새로운 물음들을 진보가 계속 외면할 수만은 없었습니다.

첫째, 1997년 IMF 경제위기로 야기된 사회경제적 양극화와 그에 따른 민주적 기반의 상실에 대해 대안이 있었나? 둘째, 이미 세계화가 세계적 수준에서 다양한 방식으로 유기적, 개방적인 네트워크를 형성하고 있고 이에 따라 사회정치세력 및 이데올로기 지형의 다원적이고 중층적인 재구조화가 불가피했는데, 이에 대해 진보진영의 전략은 무엇이었나? 셋째, 진보는 분단과 세계화라는 이중적 복합적 현실을 극복하기 위한 새로운 이념 정체성을 어떻게 마련할 것인가?

진보진영은 구체적이고 미시적인 대책에도 소홀했습니다. 가령 글로벌 금융자본에 의한 금융의 과잉이 가져다준 성장률 하락에 대해 어떤 대안을 갖고 있는가 하는 점입니다. 우리 경제의 성장률 하락이 글로벌 금융자본의 금융시장 지배와 산업자본의 금융화에 따른 투자 부진이라는 주장이 있습니다. 주주의 이익창출에 치중함으로써 이익의 적극적인 재투자를 통한 고용창출을 외면하고 저축-투자를 단절시키는 등 외국자본에 의한 물적 기반의 파괴현상이 심각하고 고용능력도 약화된 데다 산업 경쟁력마저도 흔들리고 있다는 것입니다.

이에 대해 진보 진영의 일각에서는 소비자 보호, 금융시스템의 안정성, 효율적 자원배분이라는 원칙에 따라 금융시스템의 재설계가 필요하다는 주장이 대두됐습니다. 특히 최근 미국에서 시작한 금융위기는 금융산업의 성장도 중요하지만, 과도한 단기 외자를 차단할 필요성이 있다는 지적이 제기되었습니다. 기본적으로 개방과 세계화, 진보와 보수의 관계는 단선적으로 판단할 수 없는 사안입니다. 개방-세계화는 보수, 쇄국-민족주의는 진보라는 구도나 그 반대의 구도가 올바른 규정도 아닙니다. 진보에게 주어진 과제는 개방과 자주라는 이분법이 아니라 이를 자유롭게 넘나드는 실현 가능하고 현실적인 대안을 마련하는 것입니다.

양극화를 어떻게 볼 것인가

양극화로 인해 진보진영은 세계화의 위험성을 명쾌하게 각인시키는 효과를 거두었습니다. 대부분의 지식인이 세계화 또는 신자유주의가 양극화를 일으켰고, 일부 진보진영에서는 국민의 정부와 참여정부가 이를 그대로 수용하는 정책을 구사함으로써 양극화를 심화시켰다는 비판을 내놓았습니다. 보수진영은 이를 놓치지 않고 참여정부를 공격하는 데 활용했습니다.

앞서 설명한 대로, 양극화는 한 국가적 차원의 문제가 아니라 세계적 차원에서 구조적으로 발생하는 문제입니다. 기술의 발전에 따른 고용 없는 성장, 세계화에 따른 경쟁의 심화, 산업 간 연계 효과의 감소 등에 의해 이미 세계적 추세로 나타나고 있음이 여러 지표가 보여주고 있는 현상입니다.

한국에서 양극화 또는 소득분배의 악화 역시 몇 가지 이유로 설명할 수 있습니다. 우선 1990년대 이후 성장과 분배의 연결고리가 약화되었다는 점입니다. 1970~1980년 경제개발 초기에는 성장의 과실이 확산되면서 소득분배가 개선되는 선순환 구조를 유지했지만, 1990년대 후반 이후 우리 경제는 성장잠재력 저하라는 구조적 문제와 더불어 특히 세계화, IT화, 중국의 부상이라는 환경변화와 외환위기를 거치면서 성장둔화와 소득분배 악화가 동시에 발생하고 있습니다. 둘째, 고용 없는 성장이 일반화하면서 생산과 고용 간의 연관관계가 약화되었습니다. 특히 IT산업 중심의 성장과 노동 절약적 기술의 발전이 생산의 고용창출능력 저하를 초래한 사실은 이미 잘 알려진 사실입니다. 이런 이유로 양극화는 소득계층 간에만 발생하는 것이 아니라, 대기업과 중소기업 간 격차 확대는 물론이고 고용의 질에서도 격차가 크게 나타나고 있습니다. 정규직과 비정규직의 임금 수준이 점차 크게 차이가 나고 있고 전반적으로 낮은 실업률 속에서 비정규직이 점점 증가하는 현상은 양극화가 경제 전반에서 진행되고 있음을 보여주고 있습니다. 특히 자영업자들의 증가도 이런 양극화를 야기하는 주요한 요인으로 볼 수 있습니다. 비정규직과 자영업자는 직업의 안정성이 대단히 취약하며 특히 자영업자 내부에서조차 양극화는 급속하게 진행되고 있습니다. 이런 이유로 인해 자영업자 같은 양극화 희생의 당사자뿐 아니라 일부 중도층 시민들도 성장론에 쉽게 포획되어 '참여정부 경제실패론'에 동의하게 되었던 것입니다.

민주정부 10년간 사회 안전망에 대한 투자가 여전히 부족했다는 점은 더 강조할 필요도 없습니다. 더 많은 복지의 필요에 대한 인식은 혁명적 진보든 제도적 진보든 의견의 차이가 없을 것입니다. 중요한 것은 그 인식 이상의 어떤 대안을 진보가 갖고 있느냐 하는 것입니다. 특히 참여정부의 '실정'과 신자유주의 정책이 양극화의 주범이라는 식의 비판에 만족할 것이 아니라 이제 그 대안에 대해 묻지 않을 수 없습니다.

성장주의를 어떻게 볼 것인가

성장과 복지의 논쟁에서도 문제는, 진보가 성장론을 자신의 이념 속에서 새롭게 재구성하는 작업에 소홀했다는 점을 지적하지 않을 수 없습니다. 과거 민주화 운동을 통해 반공주의와 같은 의미로 사용되었던 자유민주주의를 반파시즘 자유주의로 그 의미를 재구성했던 것처럼, 성장론의 경우도 '진보적 재구성된 성장론으로 전환했어야 했습니다. 그러나 진보주의는 보수주의의 성장을 비판하면서 자신의 논의를 재분배에 국한해 버렸습니다. 특히 성장과 재분배를 대립시켜 성장주의를 비판하고 복지를 강조하려는 전략은 역설적으로 '진보=반성장, 보수=성장'이라는 프레임을 더욱 고착화하는 결과를 낳게 되었습니다.

진보진영 내부에서조차 성장에 대한 대안을 제시하지 못하면 제도 진보로서 대중의 삶에 실질적인 진보를 가져다주지 못할 것이라는 점을 알고 있습니다. 우리 진보가 제도적-정책적-합리적 진보에 기반을 둔 성장 가능성을 담지한 진보, 즉 '생산적 진보'로 변화해 가야 한다는 주장에 이의를 제기할 수는 없을 것입니다. 이는 진보의 현실적인 생존의 문제이기도 하기 때문입니다. 원래 진보란 과학기술의 발전을 통한 인간의 물질적 삶의 해방에서 시작됐고, 오늘날 20세기 경험 속에서도 물질적 삶의 진보는 자신의 정당성을 입증하는 중요한 근거가 되고 있습니다. 대중들의 삶에 대해 구체적이고 실질적으로 다가가는 진보를 공유하지 않는 한, 진보는 잠시 이념적 형태로 존재할 수 있을지언정 지속가능한 진보로 존립할 수는 없다는 점을 알아야 합니다.

이를 잘 알고 있는 보수는 '전통적 진보가 시장과 성장에 대한 지나친 반감을 지니고 있고, 진보의 생각처럼 성장과 분배란 배타적이고 양립 불가능한 것'처럼 왜곡하고 있습니다. 이에 대한 진보의 대응이라는 것은 고작 경쟁보다 복지가 더 생산적이라는 것 정도입니다.

미국의 클린턴 시절 재무부 장관이었던 로버트 루빈 등이 참여한 가운데 브루킹스연구소가 민주당 재집권을 위한 프로그램으로 '해밀턴 프로젝트'를 작성해 출간한 적이 있습니다. 여기서 '성장'의 개념을 새롭게 규정했는데, 성장이란 '산업적-시장적 개념만을 의미하는 것이 아니라 산업기술의 발전, 다수의 지지에 기반을 둔 사회적 합의, 사회경제적 안전망과 상호 의존성, 국가의 적극적 역할수행 등을 포괄하는 복합적 개념'이라고 설명했습니다. 기존의 성장주의를 비판하면서도 성장모델을 비판적으로 극복할 수 있는 구체적 대안적 성장모델을 제시하지 못한 상태에서 그 개념을 새롭게 규정함으로써 돌파구를 찾고자 했던 것입니다. 해밀턴 프로젝트가 제시한 '성장'은 사실상 기존의 '경제성장'이라기 보다 '발전'의 개념에 적합하다고 볼 수 있습니다. 진보 성향의 미래학자로 〈노동의 종말〉로 유명한 제레미 리프킨의 정치사회 에세이 〈유러피언 드림〉에서도 비슷한 제안을 내놓았습니다. 이 책은 지난 2세기 동안 성공신화로 내려온 아메리칸 드림의 성공과 실패의 현주소를 비판적으로 살펴보고 오늘날 그 대안으로 구체화되고 있는 유러피언 드림을 대비시켜 종합적으로 조명한 책입니다. 개인적 자유와 사유재산권, 자율과 경쟁의 원리를 기초로 물질적인 성공을 이루었던 아메리칸 드림이 왜 그 성공의 에너지가 점차 고갈되어 가는지를 분석한 것입니다.

제레미 리프킨이 제시한 '유러피언 드림이 보다 더 유망한 몇 가지 이유'를 잘 들여다볼 필요가 있습니다. 무엇보다 유럽연합(EU)은 부자와 가난한 자의 삶의 격차가 적은 사회인 반면, 미국은 고소득자와 저소득자 간의 임금 불균형에 있어 소득 상위 18개국 중 1위라는 점입니다. 또 선진국 중에 빈곤율이 가장 높은 나라가 미국이라는 분석도 내놓았습니다. 빈부 격차가 적다는 것은 그만큼 많은 사람에게 기회가 주어지지만 빈부격차가 큰 미국의 경우 소수의 고소득자에게는 기회의 땅이지만 다른 많은 사람에게는 불행의 땅을 의미입니다.

리프킨은 유럽국가의 고용과 삶의 질, 특히 복지수준에 대해 높은 평가를 하고 있습니다. 미국이 GDP의 11%만 소득재분배에 사용하는 반면, 유럽국가들은 GDP의 26% 이상을 사회복지에 할애하고 있음을 강조합니다. 생산성에서도 여러 가지 지리적·자연적 이점에도 불구하고 유럽에 대한 미국의 생산성 우위는 제2차 세계대전 후부터 점차 줄어들기 시작했으며, 최근 유럽 과학자들이 순수과학 분야에서도 미국의 과학자들을 능가하기 시작했다고 설명합니다.

리프킨이 강조하고 있는 것은 EU의 소리 없는 경제 기적입니다. 결국 보편적 인권, 평화와 공존, 삶의 질, 문화적 다양성, 지속가능한 발전, 시민사회 발전과 참여의 새로운 문화를 중시하는 유러피언 드림이 지속가능한 성장을 위한 사회·정치·문화적 조건을 형성함으로써 미국보다 더 많은 성장을 가져올 것이라는 진단입니다. 경제성장이 단순히 경제영역의 문제에 국한되는 것이 아니라 사회 전체의 진보의 질과 관계된다는 것이다.

지속가능한 성장, 즉 단순한 성장이 아니라 발전을 위해서는 경제성장뿐 아니라 미래지향적인 사회적 조건과 국가의 역할에 대한 규정이 포함되어야 한다는 점을 우리 보수와 진보 진영이 이제 함께 이해해야 합니다. 시장에서 이익과 성장은 물론 공공성을 유지하기 위한 최소한의 장치도 포함되어야 합니다. 또한, 이러한 공공성을 지켜낼 수 있는 공공적 가치와 공동체적 기반을 어떻게 형성할지에 대한 전략까지 고민하고 개발해야 합니다. 더욱이 한국에서의 공동체가 보수세력과 보수정권에 의해 성장주의·시장권력에 포획되어 가는 상황이어서, 이와 같은 공동체적 기반은 진보적 성장 담론을 만들어 내는 데 무엇보다 중요하다고 하겠습니다. 어떻게 성장 담론을 만들어 낼 것인가, 그것을 통해 반시장·반성장의 두려움으로부터 어떻게 시민을 자유롭게 할 것인가, 여기에 진보정치의 미래가 달려있습니다.

진보와 보수를 가르는 모호한 기준

이제는 진보와 보수를 가르는 기준이 모호해졌습니다. 한 사람의 생각을 과거의 기준으로 진보 또는 보수로 규정할 수 없게 된 것입니다. 언론은 진보를 규정하기 어려운 복합적인 상황을 빌미로 '진보의 위기'라는 담론을 만들어 내기도 합니다. 언론이 이런저런 조사를 통해 '대학생이 보수화되었다'는 메시지를 전하며 진보의 위기를 거론하는 경우가 대표적입니다. 특히 IMF 외환위기 이후 우리나라 대학생은 '연대'보다 '경쟁'을 선택함으로써 자신의 상품경쟁력을 강화하는 방향으로 그들에게 강요되는 사회적 위기를 넘어서려 하고 있습니다. 과거의 진보적 실존방식, 예컨대 민주화 투쟁을 하는 방식과는 거리가 있습니다. 그래서 전통적인 관점에서 보면 진보가 위기에 처한 것은 사실이기도 합니다.

그러나 중요한 것은, 우리 사회가 과거와 같이 계급과 남북관계, 한미관계로만 진보냐 보수냐 하는 이념을 가르는 시대는 지나갔다는 점입니다. 이념을 가르는 쟁점이 워낙 다양해서 과거처럼 몇 개의 논쟁점을 가지고 한 사람의 생각을 진보와 보수로 가르는 일이 불가능하다는 것입니다. 나아가 과거처럼 계급이나 계층, 그리고 냉전 시대의 남북문제가 꼭 한 사람의 생각을 재단하는 결정적인 중요성을 지니는 것도 아닙니다.

많은 학자가 물질적 토대의 관점에서 이념을 가를 수 없다는 지적을 수없이 제기해왔습니다. 역사 진보를 이끌어가는 주체가 어떻게 만들어지는가에 관해서도, 경제적 요인보다 의식적 요인의 중요성을 강조하는 것이 대표적인 경우이며, 이는 넓은 의미에서 계급 결정론을 약화시키고 있습니다. 보수언론에서 진보의 위기를 말할 때에는 탈 계급적 쟁점들이 계급적 쟁점보다 훨씬 더 중요한 요인으로 거론되고 있습니다. 실제로 진보든 보수든 언론을 통하거나 주변을 둘러봐도 이제는 환경문제를 가장 중요시하는 개인이나 집단이 있지만 경제적 이해관계를 가장 중요한 쟁점으로 보는 사람도 있습니다. 남북문제를 여전히 가장 중요한 문제로 보는 사람도 있고 도시와 농촌 간 불균형 발전을 중요하게 보는 사람도 있습니다. 과거에는 진보와 보수를 가르는 쟁점들이 미국과 북한, 재벌 등 몇 개의 현안에 국한되었지만, 이제는 부동산, 교육, 환경, 외국인 인권, 지역균형발전 등의 생활세계 영역이 더 중요한 비중을 갖게 되었다는 점을 부인할 수 없습니다.

1990년대부터 이런 과정이 본격화하였으며 2000년 들어 여러 언론이 이념을 조사하는 과정에서 그 다양성들이 이미 반영되어 나타났습니다. 2002년 〈중앙일보〉가 한국정치학회와 공동으로 국회의원들의 이념성향을 조사하여 '의원 성향분석'이라는 제목으로 기획기사를 연재한 바 있는데, 이 조사에서도 이미 전통적인 미국중심의 외교, 국가보안법, 대북지원, 재벌개혁 등과 같은 전통적인 정치외교적 의제들이 포함되었지만, 복지, 환경, 소액주주운동 등과 같은 사회경제적 의제와 자립형 사립고, 호주제 폐지, 사형제 등과 같은 시민사회적 의제도 평가의 주요한 항목으로 포함되었습니다. 이미 이 시기에 진보적 가치를 가르는 쟁점이 매우 다양화했다는 사실을 보여줍니다.

진보 논쟁의 다양화는 위기에 대한 대응이라고 볼 수 있습니다. 정치권력을 위한 투쟁 중심의 전통적 진보의 위기에 대응하기 위한 진보주의가 새로운 의제를 개발하고 그것을 발전시킨 결과 현재와 같은 다양한 쟁점을 낳은 것이라고 하겠습니다. 또한, 진보의 위기는 사실상 민주세력 전체에 대한 보수세력의 공세적 전략의 일환으로 생산된 측면도 없지 않습니다. 우리 사회는 1987년 이후 민주화의 진전에도 불구하고 수구 보수적 세력의 헤게모니가 지속되면서 실질적인 민주화는 지체된 게 사실입니다. 이런 가운데 참여정부 출범 이후 위기의식을 가진 보수세력은 결집하고 성장했지만 진보세력은 분화와 분열을 거듭하면서 사회정치적 개혁 동력의 약화로 이어졌습니다. 이렇게 보면 진보의 위기는 하나의 기회이자 시도라고도 할 수 있습니다. 1989년 사회주의 붕괴 이후 시작된 한국 진보의 위기가 이제 이른바 '87년 민주화 체제'를 넘어서기 위한 대응 마련에 나선 것입니다.

제3부

진보의 대안, 시민공동체 운동

진보집권의 10년 성과 무너뜨린 보수의 집권

　벌써 수년째 수많은 사람이 한국사회의 위기를 이야기하고 있습니다. 이명박 정부 5년간 가계부채 급증과 경기침체에 따라 경제위기, 남북관계 파탄에 따라 안보위기, 4대강 사업으로 인한 환경파괴 위기, 그리고 용산참사 등 국민탄압으로 인한 민주주의 위기 등 모든 분야에서 위기라고 말해왔습니다. 심지어 정부와 공기업 부채 급증 때문에 그리스 같은 남유럽 국가들처럼 재정위기를 맞을 수도 있다는 경고도 나왔습니다.

　이명박 정권의 쌍생아인 박근혜 정권은 어떻습니까? 출범 1년밖에 안되었지만, 이명박 정부에서 생겨난 민주주의의 위기, 언론의 위기, 경제위기, 안보위기 등 어느 것 하나 나아진 게 없습니다. 국가기관의 대선개입 문제는 민주주의를 뿌리 채 흔드는 국기문란 행위인데도 박근혜 정부는 이를 은폐하고 축소하려 하고 있습니다.

　한국사회가 총체적인 위기입니다. 그리고 위기는 점점 더 깊어지고 있습니다. 이 위기는 어디서 비롯된 위기인가? 그리고 그것은 극복될 수는 있는 것인가? 노무현 대통령 서거 후 6·15남북정상회담 9

주년 기념식에서 김대중 대통령은 당시 이명박 정부에서 야기된 우리 사회의 위기를 아주 적확하게 압축하여 표현한 바 있습니다. 한국 사회의 위기는 '민주주의의 위기', '서민경제의 위기', '남북관계의 위기'라는 것입니다. 아주 간결한 이 말은 이명박 정부에 대한 비판이자 그의 절규였습니다. 필자는 김대중 대통령의 분석력과 개념화 능력에 대해 언제나 감탄해 왔지만, 이번 경우도 예외가 아니었습니다. 어느 정치인이 현재 우리 사회의 위기를 압축해서 이렇게 잘 표현할 수 있을까!

한국의 민주주의는 크게 3단계를 거쳐 발전해왔습니다. 민족, 해방, 통일, 자유, 평등, 민주주의, 법치 등 정치적 영역에서 출발하여 투명성, 절차적 정당성·인권·환경·평화 등 사회경제적 영역을 거쳐, 이제는 분배, 생태, 삶의 질·문화적 다양성, 지속 가능한 발전, 참여, 균형발전 등 생활세계 영역으로 확장됐습니다. 민주·진보세력과 국민들의 피땀으로 얻어낸 이러한 민주화 과정은 우리 사회의 공공의 가치 확장을 가져왔으며, 공공 영역과 의미를 확대시켰음은 누구도 부인할 수 없는 사실입니다.

필자는 김대중 대통령의 압축적인 위기 진단을 한마디로 표현한다면 바로 '공공성의 위기'라고 생각합니다. 오랜 민주화 과정을 통해 획득해 온 공적 가치를 시장권력이 장악해 들어가면서 모든 영역을 가격화·경쟁화시키고 있습니다. 시장의 본질은 이익의 극대화이지만, 그것이 공적 가치와 상호 균형과 견제 속에서 추구되어야 한다는 것이 민주주의의 중요한 가치이기도 합니다. 또한, 공공적 가치를 바탕으로 균형을 이뤄야 할 보수적 언론권력 역시 '정파성'으로 인해 사실상 공적 기능을 포기하고 있습니다. 그러면 이 공적 가치를 누가 어떻게 지켜야 하는가? 이 질문은 곧 오늘날의 민주주의의 위기를 핵심적으로 표현하고 있습니다.

우리는 벌써 6년째 민주주의의 후퇴를 경험하고 있습니다. 시장권력, 보수적 언론권력, 공안세력과 권위주의로의 회귀적 정치 등이 결합하여 '권위주의 권력연대'의 시대로 돌아간 것입니다. 시민들은 이런 후퇴를 개탄스러워하고 저항하면서 소통의 부재를 호소할 지경입니다. 이명박 정권은 '잃어버린 10년'이라는 프레임으로 집권에 성공했지만 결국 민주주의 후퇴를 비롯한 총체적 국정운영의 실패를 남겼습니다. 김대중-노무현 정부의 민주주의 정부 10년의 성과를 완전히 무너뜨린 것입니다. 이런 총체적 국정운영의 실패로 보수세력에 대한 실망과 저항이 일었으나 이번에는 국가기관이 총 동원된 부정선거로 박근혜 정권이 탄생했습니다. 박근혜 정권은 국정운영의 성공과 실패 여부를 떠나 민주주의의 기초인 선거의 부정으로 탄생한 민주주의 퇴행 정권입니다. 이명박-박근혜로 이어지는 보수 정권으로 민주주의는 유신 신대 또는 전두환 독재정권 시절로 퇴행했습니다. 그러나 착각하지 말아야 할 것은, 이런 후퇴가 보수 세력의 강화로 이어지는 것이 아니라 오히려 보수 세력의 붕괴로 이어질 것이라는 점입니다. '잃어버린 10년'이라는 구호에 갇혀 사실 왜곡에 안주하기보다, 지난 10년을 정확히 평가해서 정직한 대안을 찾았다면 아마 보수세력은 지금과 같은 위기로 이어지지는 않았을 것입니다.

지금 우리는 김대중-노무현 정부의 지난 10년간의 민주적 성과들이 허무하게 무너지는 것을 목격하고 있습니다. 두 번의 진보정권 이후 단 한 번의 보수 세력의 집권으로 민주주의가 이렇게 위기에 빠질 수 있는 것인지, 이승만 시대에나 있을 법한 부정선거와 박정희 시대에나 가능할 공안 탄압이 다시 부활할 수 있는 것인지 스스로 의문을 품지 않을 수 없는 상황입니다. 이렇게 민주주의의 탑이 허망하게 무너진 이유를 필자는 민주적으로 훈련된 공동체 기반의 취약함에서 찾고자 합니다. 개인의 자유와 민주적 권리가 침해당할 때 그것을 막아낼 수 있는 공동체 기반을 확보하지 않는다면 이와 유사한 민주주의의 위기는 반복적으로 나타날 수밖에 없습니다. 필자가 한국의 진보운동의 새로운 출구를 공동체 운동에서 찾고자 하는 것도 바로 이러한 문제의식에서 출발한 것입니다.

흔들리는 대의민주주의,
광화문 촛불이 말하는 것

　　한국 사회에서 촛불시위는 왜 반복적으로 일어날까? 왜 선거를 통해 선택된 대통령과 정권 또는 그 정권의 정책에 반대하고 비판하는 시민들이 촛불을 들고 광장으로 나오는 것일까? 자신의 계급적 이해를 배반하는 투표를 했던 시민들이 그 투표 행위를 부정하는 촛불시위를 하는 일이 왜 반복적으로 일어나는 것일까? 물론 계급배반적인 투표를 한 일반 투표자들과 촛불시위에 참여하는 시민들이 꼭 일치하지는 않으리라 생각합니다. 그러나 지금까지의 경험에 비춰 보면 일상 투표에서 보수정치 세력을 지지하지만, 바로 그들이 내놓은 정책에 대해 광범위한 불안과 불만이 형성되어 광장을 중심으로 촛불시위가 일어났다고도 볼 수 있습니다. 이는 비단 2008년 쇠고기 수입과 관련된 촛불시위나 노무현 대통령 서거에 따른 서거 정국에만 국한되는 것이 아닙니다. 한국 근대사에서 4·19혁명이나 1987년 6월 항쟁을 비롯한 수많은 사례가 이에 해당합니다. 그때마다 보수정치 세력은 이런 저항에 대해 보수정치 기득권 내부의 재편을 통해 시민들의 민주적 요구를 잠재웠습니다.

박근혜 정권 1년간 거의 매주 끊이지 않고 벌어졌던 부정선거 규탄 촛불시위는 양상이 조금 다릅니다. 보수 정치세력에게 표를 주었다가 정권의 부도덕성이나 폭압성 또는 정책의 부당함과 피해 때문에 시민들이 광장으로 나온 경우가 아닙니다. 처음 이 촛불시위는 국정원을 비롯한 국가기관의 지난 대선 개입과 이를 은폐·축소하려는 정권의 시도에 대한 항의에서 시작되었습니다. 박근혜 정부 6개월이 지나면서 국가기관이 총동원된 대선 개입, 즉 부정선거가 자행되었음이 속속 드러났기 때문입니다. 민주주의의 근간을 흔드는 대규모 부정선거와 은폐·축소 기도에 시민들이 민주주의의 심각한 후퇴를 감지하고 이를 막기 위해 나섰던 것입니다.

거슬러 올라가 지난 2008년 쇠고기 수입과 관련된 촛불시위를 재구성해 봅시다. 유권자들은 전통적 보수와 시장적 보수가 결합한 보수 후보에게 압도적인 지지를 보냈습니다. 이명박 후보는 경제를 살리고 '잃어버린 10년'을 되찾기 위해서라고 했습니다. 그러나 영어몰입 교육부터 시작해 모든 정책이 서민 중산층의 요구와 어긋나는 것이 느껴지기 시작했습니다. 그리고 지난 10여 년 동안 이뤄 낸 남북평화, 인권과 복지, 교육과 주거 등에서 명백한 후퇴를 경험하게 되었습니다. 국민의 생명과 관련된 쇠고기 수입이 매우 중요한 사안임에도 무성의하게 처리된 것에 대해 국민은 불안했고 스트레스를 받고 화가 났습니다. 결국, 시민들은 광장에 모였습니다. 광장은 밀실의 모호성을 던져버리고 직접적이고도 광범위한 소통을 가능하게 합니다. 대규모의 시민들은 광장을 통해 사태의 본질을 직접 체험하는 것은 물론, 그것을 수많은 사람과 일시에 공유합니다. 장기간의 인식 과정이 아니라 즉각적으로 사태에 대해 인식하도록 해줍니다. 이런 점에서 광장은 특별한 정치적 소통의 공간이자 고도의 정치적 행위가 이뤄지는 공간이라 할 수 있습니다.

과거에 군중을 연설로 선동하는 독재자의 광장도 있었지만, 우리에게 광장이란 '민의를 증폭시키려는 민주시민들의 광장'이었습니다. 특히 서울광장은 독립협회가 주최한 만민공동회와 3·1운동이 열린 곳이며, 전두환 독재정권에 돌을 던지다 숨진 이한열 군의 노제(1987년)가 100만 시민들이 참여한 가운데 열렸고, 그해 87년 민주항쟁의 함성이 울리기 시작한 장소이기도 합니다. 미군 장갑차에 깔려 숨진 두 여중생을 위한 추모집회와 월드컵 축구 응원(2002년), 노무현 대통령 탄핵 반대(2004년), 쇠고기 수입 반대를 위한 촛불시위(2008년) 등 우리 대중 정치사에서 중요한 사건들이 이곳에서 발생했거나 진행되었습니다. 이제 광장은 단순히 선전과 선동의 공간이 아니라 대중이 즉각적이고 광범위한 인식을 형성하는, 고도의 정치적 행위가 이루어지는 소통의 공간인 셈입니다.

이 소통의 공간인 광장을 보수정치 세력은 이해하지 못하고 있다는 게 문제입니다. 지난 10년 동안에 소통구조는 급격히 변했습니다. 그런데 보수정치 세력은 변화에 적응해 소통하려 하기보다는 이를 과거의 낡은 방식으로 대응하려 했습니다. 겨우 조선·중앙·동아일보 등 보수언론의 틀 속에서 이런 새로운 여론의 도전을 방어하려 한 것입니다.

보수세력은 청계천도 '복원'이라는 이름으로 마지막 개발독재의 상징으로 삼고자 했으며, 그것이 왜 '소통의 광장'으로 변해야 하는지 이해하지 못했습니다. 시청광장, 광화문광장, 청계광장에서 대중들이 단순히 저항하는 것을 넘어 무엇을 어떻게 소통하고자 하는지 도저히 이해할 수 없을 것입니다.

촛불시위 방식의 소통이 일시적, 우연적으로 발생해 지속적이고 구조적으로 정착하는 데에는 한계가 있었다는 점은 지적되어야 합니다. 그러나 이러한 광장의 정치적, 소통적 역할이 강조되고 있는 것은 의회정치 또는 대의제의 위기가 심각하다는 점을 반증하는 것입니다. 촛불시위는 광장으로 나선 시민과 낡은 정치세력(혹은 지역주의적 정당정치)의 직접적 대립의 한 형태입니다. 이 대립은 예전에 다양한 방식으로 존재했지만, 요즘은 광장에서 더욱 첨예하고도 격렬하게 벌어지고 있습니다. 시민들의 미래지향적 가치의 소통과 확장이 이뤄지고 동시에 지역주의 기반의 후진적 의회 정치가 대결하는 공간이 바로 이 광장인 셈입니다.

사실, 대의제의 위기는 우리나라만의 일도 아니고 어제오늘의 일도 아닙니다. 아마 대의제의 위기는 현대 정치학이 해결해야 할 핵심적 과제라 할 수 있을 것입니다. 시장경제와 함께 대의제 민주주의는 봉건체제를 넘어서 근대사회가 만들어 낸, 인류의 역사적 경험에서 가장 잘 고안된 제도임에는 틀림없습니다. 이런 제도임에도 불구하고 대의제는 언제나 '주권자의 의사가 제대로 반영되고 있는가'라는 물음에 끊임없이 시달려야 했습니다. '국민에 의한 지배'라는 민주주의의 대원칙과 대의제 사이에는 끊임없는 불일치, 다시 말해 국민의 지배가 대의제라는 형식을 통해 끊임없이 왜곡될 가능성을 그 안에 포함하고 있었던 것입니다. 역사적으로 고안된 수많은 제도가 국민과 시민의 기대에 어긋나는 결과를 산출하는 일은 허다했습니다. 민주주의가 대의제와 결합함으로써 그 적용범위를 확장하는 결과를 가져왔지만, 이는 역설적으로 민주주의의 위기를 함께 가져왔다는 점도 부인할 수 없는 사실입니다. 다시 말해 이러한 대의제 민주주의는 정부나 의회를 민중의 선택과 분리함으로써, 거꾸로 대의제가 과연 민주주의의 이름을 걸칠 자격이 있는가를 의심하게 했던 것입니다.

우리의 경우도 각종 이익집단이 공적 가치와 관련된 정치적 결정에 막대한 영향을 미쳐왔습니다. 특히 냉전과 분단 구조 속에서 자신의 정치적 이익을 극대화했던 세력 – 독재정권과 자본권력 등 권위주의적 보수세력 – 은 오늘날까지 우리의 정치사회에 적지 않은 영향을 미치고 있습니다. 정당 내부에도 이런 이해관계 세력들이 그대로 남아 있습니다. 나아가 지역주의 또한 정치적 결정에 막대한 영향을 미치고 있는 것은 두말할 필요가 없습니다. 지역적 이해관계에 입각한 정책 결정 과정을 비판하는 것도 이제는 식상하게 느낄 정도로 일상화되어 있습니다. 이익 추구라는 가치를 무한대로 확장해나가고 있는 시장권력도 마찬가지입니다. 다시 말해 인민의 지배라는 원칙과 함께 또 다른 민주주의 원칙이라 할 수 있는 '공공적 가치'가 개인 또는 집단에 의해 자기 이익으로 분해되고 이 때문에 민주주의 자체가 심각하게 위협받게 된 것입니다. 우리가 부딪히고 있는 대의제의 위기, 곧 공공성의 위기는 민주주의 내부의 두 가지 전통의 상호 충돌로 돌릴 수만은 없는 독자적인 문제영역이 존재하는데, 이는 앞에서 언급한 냉전구조, 지역주의, 시장권력과 언론권력의 결합 등 수많은 대의제와 공공성의 위기 요인들에 의한 결과입니다. 이는 같은 민주주의를 추구하는 다른 나라에서 경험할 수 없는 독특하면서도 심각한 현상이 아닐 수 없습니다. 이와 같은 대의제의 왜곡, 나아가서는 공공성의 위기에 대한 이해 없이 오로지 의회(국회)가 모든 정치적 의사를 대변해야 한다는 당위적이고 교과서적인 민주주의 이론은 현실적으로 맞지 않습니다.

요즘 우리 정치의 대표성의 위기를 지적하면서 그것을 넘어서려는 대중의 직접적 참여 욕구에 주목할 때, 대중의 참여 욕구를 오히려 민주주의를 위협하거나 후퇴시키는 것으로 비판하는 경우도 있습니다. 이러한 비판은 권위주의 시대에 일부 정치학자들이, 권위주의를 비판하기 위해서 거리에서 소통하려는 다양한 민주화 운동을 오히려 민주주의를 위협하는 행위라고 주장했던 것과 다를 바 없습니다. 쉬운 사례로, 1980년 5월 광주민주화운동을 '북한 간첩과 이에 사주받은 폭도들에 의한 무장봉기'라고 왜곡했던 조선일보 등 보수언론과 독재정권 세력, 그리고 그에 부역했던 학자들의 주장이 그것입니다. 1987년 6월 전두환 독재 시절 전국에서 동시다발적으로 터져 나온 민주화 요구 시위 역시 그들에게는 '일부 불온선동 폭도'들에 의한 '불법폭력 시위'로 왜곡되었습니다. 하지만 시간이 조금만 흐르고 시대가 조금만 바뀌고 나면 이런 주장은 왜곡·날조였음이 명명백백하게 밝혀지고 바로잡혔습니다. 대중의 민주주의에 대한 참여 욕구는 민주주의를 위협하거나 후퇴시키는 것이 아니라 오히려 대의제가 안고 있는 허점으로부터 민주주의를 지켜내는 역할을 해 왔던 것입니다.

진보의 재구성 ①
자유주의를 복권하라

우선 한 가지 분명히 하고 넘어가야 할 것이 있습니다. 여기서 얘기하려고 하는 것은 진보를 비판해서 폐기하자는 것이 아니라 지속 가능한 진보정치를 재구성하자는 데에 있습니다. 그러기 위해 기존의 인식이나 간과되어 온 것을 비판하고 성찰적으로 검토하지 않을 수 없습니다. 이제 우리의 한계가 어디에 있고, 우리가 피하고 있는 문제가 무엇인지 솔직히 고백해야 합니다. 앞에서 진보의 위기를 진단하고 그 위기의 원인을 진보 자체에게 물었던 것, 진보가 적극적으로 문제 삼지 않았던 문제를 제기한 것, 그리고 타자를 비판하기 위해 진보가 쉽게 의존했던 개념들을 비판적으로 검토한 것도 바로 이와 같은 문제의식의 일환입니다.

우리가 놓치지 말아야 할 것은 보수에게 쉽게 넘겨준 이념적·사회정치적 자원 중에 적지 않은 진보의 요소들이 아직 남아있음에도 이를 간과하고 있다는 점입니다. 한때 우리는 국가와 권력의 영역에서 진보의 동력을 찾으려 했지만, 이것이 가진 또 다른 억압적 요소에 주목하면서 국가 대신 시민사회에서 그 동력을 찾으려는 운동으로 전환했습니다. 그렇지만 여전히 진보세력 내부에 급진적·이분법적인 인식이 존재했으며, 이들에 의해 시장은 아예 진보와 양립 불가능한 것으로 진보의 영역에서 제외되어 버렸습니다. 그 결과 자유주의·민주주의 이념마저도 보수에게 쉽게 넘겨주고 말았습니다. 생활세계에 자리 잡고 있는 공동체 또한 보수가 여전히 압도적인 힘으로 장악하고 있습니다.

그렇다면 진보를 재구성한다는 것은 무엇을 말하는가? 우리는 정치체제→사회경제체제→생활세계 민주화 과정을 통해 수많은 진보적 가치를 확보했습니다. 그러나 이것을 우리의 생활세계에 내재화하지는 못했습니다. 진보를 재구성하기 위해서는 지난한 민주화 투쟁을 통해 획득한 자유, 민주와 심지어 시장이라는 자원도 적극 활용할 필요가 있습니다.

철학자 헤겔은 '세계사는 자유의식의 진보다'라는 유명한 말을 남겼습니다. 이 말은 '고대에는 한 사람이 자유로웠다면 중세시대에는 몇몇 사람들만 자유로웠고, 그리고 근대에 들어서 모든 사람이 자유로운 시대가 되었다'는 의미로 설명할 수 있습니다. 더 많은 사람이 자유를 누린다면 그것이 진보라는 얘깁니다. 헤겔은 철학적 의미로 '자유'를 설명했지만 '자유'는 매우 진보적인 가치의 중심이자 진보의 동력입니다. 봉건적 질서가 붕괴하면서 대안적 시스템으로 국가가 탄생했고, 국가는 더 많은 대중이 자유를 얻고 누릴 현실적 제도와 힘을 보장해주는 장치였습니다. 당시 보수주의자들은 전통적인 봉건질서가 붕괴하면서 대안적 메커니즘으로, 봉건적 억압을 깨고 혁신을 추구한 자유주의자들은 개혁의 속도와 방향을 일정하게 유지하기 위한 합리적 메커니즘을 국가에 기대한 것입니다. 사회주의자들도 국가권력을 장악하지 않고서는 사회변혁을 가로막는 장애물들을 결코 극복할 수 없다고 판단했을 정도였습니다.

문제는 보수주의나 사회주의보다 자유주의가 정치적 실천의 측면에서 반국가적이거나 탈국가적인 성격을 상대적으로 더 많이 가지고 있다는 점입니다. 따라서 피상적으로 볼 때 근대 이후 지난 200년은 주로 보수주의와 사회주의가 지배적인 이념구도를 형성하면서 진행된 것으로 볼 수도 있지만, 이 역사 속에서 실제로 인류가 얻은 성과라는 것은 보통 선거권과 사적 소유로 대표되는 정치·경제적 자유주의의 확산이며, 이것은 지난 200년의 역사 속에 획득한 실질적인 진보의 성과라 할 수 있다는 것입니다. 자유주의가 왜 중요한가 또는 왜 의미가 있는가는 여기서 명확해집니다. 노동계급을 정치체제 속으로 통합하기 위해 투표 허용 범위를 점차 넓혀야 했고, 여성들에게도 선거권과 참정권을 부여해야 했습니다. 이를 통해 권력과 부에 기초를 두고 있는 지배구조를 동의의 지배구조로 바꾸어 나가는 변화는 불가피했습니다. 지난 200년의 역사는 '자유주의 승리의 시대'였다고 규정할 수 있습니다. 최근 자유주의 논의가 다시 활발하게 이뤄질 수 있는 계기를 제공한 것은 바로 1989년의 사회주의 붕괴였습니다. 이 논쟁을 촉발한 것은 1992년에 〈역사의 종말〉을 펴낸 미국의 일본계 학자 프랜시스 후쿠야마였습니다. 그는 미국에서 신보수주의 이데올로기가 새롭게 부상하고 있던 상황에서 사회주의 붕괴를 '자유민주주의와 시장경제의 보편화'로 규정했습니다. '이성=자유'를 목적으로 하는 헤겔의 목적론적 역사관을 단순화시켜 '자유민주주의와 시장경제'라는 역사적 목적에 도달했으며, 그 징표가 바로 사회주의 붕괴라는 것이 후쿠야마의 주장입니다. 이제 역사의 진보가 더 이상 필요 없는, 완전한 목적인 '자유민주주의와 시장경제'에 도달했다는 것입니다.

물론 후쿠야마가 주장하는 '자유민주주의와 시장경제'라는 것은 기독교적 근본주의에 입각한 미국의 패권적 신보수주의와 글로벌 금융자본에 기초한 신자유주의 시장경제를 의미한다고 할 수 있습니다. 이러한 역사의 '목적'은 이미 이번 금융위기를 통해 그 한계를 적나라하게 드러냈고, 이것을 극복하기 위한 대안적 노력이 이미 세계적으로 요청되고 있습니다. 그러나 후쿠야마에 의하면 역사의 목적에 이미 도달한 만큼 더 이상 다른 대안이나 진보는 없습니다. 반면 자유주의의 가능성은 사회주의 붕괴로 제약되었을 뿐이며 여전히 진보의 자원은 고갈되지 않았다는 주장도 있습니다.

양쪽을 통해 논의하고자 하는 것은 바로 자유주의가 여전히 진보의 가치를 지니고 있는지에 관한 것입니다. 그러면 우리는 어떠한가? 아직 자유주의가 실현해야 할 진보적 가치를 함유하고 있는가? 모든 언어나 이념이 그러하듯 자유주의도 시대와 국면에 따라 그 내용을 풍부하게 하는 과정을 거쳐 왔습니다. 특정 국면에서 어떻게 규정되느냐에 따라 보수적으로, 또는 진보로 그 성격이 변화되기도 합니다.

결론적으로 강조하고 싶은 것은, 아직 자유주의는 풍부한 진보적 자산을 지니고 있다는 것입니다. 현재의 우리 정치적 상황은 개인의 인권과 권리가 아직 제대로 보호받지 못하고 있는 것이 현실입니다. 이에 더해 사이버 공동체의 발전으로 새로운 자유주의적 가치들이 진보적 운동의 영역으로 편입되고 있다는 현실 또한 중요한 의미를 갖습니다.

우리의 경우 자유주의를 둘러싼 진보와 보수 진영의 경쟁은 좀 엉뚱하게 전개됐습니다. 본래 자유주의가 갖는 진보적 의미에도 불구하고, 우리에게 자유주의는 단순하게 '반공적 자유주의'로 정형화되어왔습니다. 심지어 어떤 경우에는 '자유를 지키기 위해 개인의 자유를 유보할 수 있다'는 파시즘 논리로 변형되어 일상적 자유를 제약하는, 유효한 논리가 되기도 했습니다. 또 자유주의 논리의 양면성과 더불어 정치적 불철저성 때문에 자유주의는 다양한 역사적, 사회적 혐의로부터 자유롭지 못했던 측면도 없지 않았습니다. 파시즘이나 권위주의에 동원되거나 심지어 적극 가담했던 역사적 경험 때문에 자유주의에 대한 평가가 특히 진보진영으로부터 그리 호의적이지 못했던 것이 사실입니다.

우리 사회에서 반파시즘 자유주의로의 의미 전환은 민주화 운동으로 이뤄졌습니다. 1960년대 이후 민주화 운동은 정치적 권리와 개인의 인권을 중심으로 전개되었고, 이를 위한 민주화 운동은 비록 다양한 이념들로 구성되어 있었지만, 그것의 실질적인 성과는 바로 자유주의의 확대였습니다. 개인의 정치적 자유와 권리, 인권의 신장이라는 자유주의적 가치는 미국적 가치에 의존한 것이었음에도 불구하고 당시의 관점에서 보면 우리 사회의 민주화와 진보의 주요한 목표이자 동력이었고, 그것은 지금도 크게 달라졌다고 할 수는 없을 것입니다.

또 다른 의미의 전환은 1997년 IMF 이후 신자유주의가 우리 사회의 지배적인 경향으로 자리 잡게 되는 것과 관련이 있습니다. 이제 자유주의는 시장에서의 이익을 극대화하기 위한 자유주의('신'자유주의)를 가리키는 것으로 그 의미가 바뀌었습니다. 그러나 시장의 이익을 극대화하기 위한 규제철폐, 공급 중심의 투자, 공공적 영역의 시장 영역으로의 전환, 법인세 및 상속세 감면 등으로 특징 지을 수 있는 신자유주의가 우리가 성취했던 민주주의 성과들을 얼마나 쉽게 무력화시킬 수 있는지를 현재 상황이 잘 보여주고 있습니다.

이제 우리 사회는 자유주의의 또 한 번의 새로운 의미 전환을 요구하고 있습니다. 물론 이는 자유주의에는 아직 고갈되지 않은 많은 진보적 자원이 있다는 것을 의미합니다. 자유주의의 이러한 진보적 자원은 크게 세 가지 영역에서 발견됩니다.

첫째, 최근 민주주의의 후퇴는 자유주의적 권리와 제도들이 심각하게 위협받고 이를 회복하기 위한 자유주의적 투쟁은 진보주의의 주요한 과제로 다시 등장하고 있습니다. 물론 이러한 자유주의적 권리와 제도들의 후퇴는 지금까지의 민주화 운동의 성과가 대단히 허약했음을 의미합니다. 집회 및 시위의 자유, 표현의 자유, 집회 및 결사의 자유, 사상의 자유 등 자유주의적 기본권의 기반을 공고히 하고 이를 되돌릴 수 없는 제도적 장치를 마련해야 한다는 과제는 이 시점에서 중요한 진보주의의 목표가 아닐 수 없습니다.

둘째, 새로운 자유주의적 과제도 꾸준히 등장하고 있다. 사형제 폐지, 종교적 신념에 따른 병역 거부자·장애인·외국인 노동자 등과 같은 소수자 운동 등 새로운 인권과 자유를 지향하는 노력이 진행되고 있고, 이것은 진보의 새로운 자원이라 할 수 있습니다. 또 개인의 자율과 참여를 위한 자유주의적 운동을 통해 진보주의는 더 많은 구체성을 지닐 수 있을 것입니다. 시대에 따라 확장되거나 새롭게 창출되는 생활세계에서의 개인의 자율과 개인정보의 보호 등과 같은 자유주의적 내용은 진보의 재구성을 위해서라도 놓치지 말아야 할 부분들입니다.

셋째, 이렇게 시대에 따라 새롭게 창출되는 자유주의 공간으로 사이버 공동체를 빼놓을 수 없습니다. 인터넷을 통해 형성된 다양한 공동체, 그것도 생활상의 주제를 중심으로 하는 사이버상의 공동체는 개인의 자율과 자유를 최대한 보장하는 동시에 자신의 정치적 정체성을 형성하는 전형적인 자유주의적 운동이며, 이것은 자유주의의 새로운 확장이라 할 수 있습니다. 특히 이 공간에서 요구되는 개인정보 보호와 표현의 자유 등은 진보주의의 새로운 과제를 제시하고 있습니다.

꼭 이런 영역이 아니더라도 진보가 점차 자유주의화하는 현상을 말하지 않을 수 없습니다. 과거에 진보는 주로 정치체제나 사회경제적 영역에서 논의되었다면 이제 개인정보 보호나 표현의 자유, 공동체 내에서의 개인의 자율과 참여 등 자유주의적 의제들이 진보의 중요한 쟁점으로 등장하고 있는 것입니다. 바로 이러한 점들이 진보가 자유주의에서 새로운 동력을 찾아야 하는 이유입니다.

진보의 재구성 ②
민주주의를 민주화하라

　우리에게 민주주의는 보수적 형태로 수용되었습니다. 민주주의가 대의제와 삼권분립 등과 같은 공화주의 전통, 그리고 평등주의 등과 같은 다양한 가치를 내포하고 있음에도 불구하고, 이것이 진보적으로 해석되지 못하고 보수적으로 해석될 수밖에 없었던 것은 바로 '냉전구조' 때문이었습니다. 쉽게 말해 민주주의는 '공산주의 또는 사회주의로부터 개인의 자유와 이익을 지켜내는 사회 시스템' 정도로만 받아들여진 것입니다. 하지만 보수적 의미의 민주주의만으로도 그것은 당시 권위주의적인 우리 사회에서 대단한 진보적 의미를 지니지 않을 수 없었습니다. 식민지 체제를 넘어 참정권과 입헌제 자체가 매우 혁명적일 수밖에 없었으며, 나아가 권위주의 체제에서도 실질적 참정권과 대의제의 정상적 작동만으로도 매우 중요한 민주주의의 진전을 이룰 수 있었기 때문입니다. 특히 정통성을 갖지 못한 권위주의 권력에게는 이와 같은 보수적 민주주의마저 커다란 위협이 아닐 수 없었습니다.

　이러한 보수적 민주주의가 진보적으로 그 의미를 전환한 것은 그

영역을 시장과 자본주의의 수탈, 그리고 그것에 의한 사회적 불평등으로 확장하면서부터입니다. 1980년대부터 반자본주의 운동을 비롯한 시장에 대한 민주적 통제의 필요성이 본격 대두하기 시작했고, 이것이 한국 민주주의 전개 과정의 중요한 반전이라 할 수 있습니다. 민주화 운동을 거치면서 민주주의 개념이 더욱 확장된 것이 바로 이러한 사회경제적 민주주의, 즉 평등 개념의 도입이라 할 수 있습니다. 평등의 개념이 민주주의에 도입된 것은 우리 사회의 민주주의 전통에서 매우 중요한 진전이 아닐 수 없는데, 이는 개발독재로 야기된 사회적 불평등, 시장의 불평등, 지역적 불평등, 성적 불평등을 포함한 불평등에서 비롯한 것입니다. 개발독재를 겪은 우리나라에서 이를 해결하는 것은 실질적 민주주의를 진전시키기 위한 민주화 운동의 핵심 과제였습니다.

우리 민주주의가 조금씩 진보를 거듭했지만 이런 움직임을 지속적으로 위협하고 되돌리려는 요인과 시도가 있었습니다. 첫째가 바로 '대의제의 위기'였습니다. 허약한 대의제 구조와 대표성의 위기는 민주화를 통해 얻게 된 제도와 권리들이 제대로 작동하는 데 방해요소로 작동했습니다. 그러나 이러한 대의제의 위기는 일정 기간을 단위로 대중의 저항을 반복적이고 지속적으로 불러왔고, 그것은 우리 현대사에서 중요한 정치적 사건으로 표현되었습니다. 4·19혁명, 1980년과 1987년의 민주항쟁, 그리고 최근에 볼 수 있는 수많은 촛불시위가 이에 해당합니다. 대의제의 위기의 대안으로 떠오른 것이 바로 대중의 요구를 결집하여 직접 전달하는 소통의 공간인 '광장'이었습니다. 대의제가 제대로 기능하기 위한 사회정치적 조건을 획득하는 일까지도 민주주의와 진보의 중요한 영역이라 할 수 있습니다.

　우리에게 대의제의 위기를 가져오는 주요한 원인 가운데 하나는 바로 '지역주의'입니다. 지역 기득권들의 이익을 보호하는 지역주의 정치 구도 속에서는 대의제의 위기가 지속적으로 생산될 수밖에 없습니다. 앞서 얘기한 대로 냉전도 이러한 위기의 요소 중 하나에 해당합니다. 또한, 보수언론의 정파성도 그 책임으로부터 피해갈 수 없습니다. 보수언론은 시민의 요구와 다른 의제를 생산하거나 대중의 요구를 왜곡함으로써 정상적인 소통이 이뤄지는 것을 방해하고 있습니다. 이명박 정권이 KBS, MBC, YTN 등에 낙하산 사장을 보내 방송을 장악하고 조선·중앙·동아일보 등의 극우 보수 신문사에 종합편성채널을 특혜로 선물한 것은 대의제를 지탱하는 소통구조를 왜곡하기 위한 정치전략이었습니다. 박근혜 정부 들어 국가기관의 대선개입 등 정권에 불리하거나 비판적인 뉴스보도가 방송에서 거의 완벽하게 사라진 것을 보면 금세 이해가 될 것입니다.

　민주주의란 좁게는 '표를 조직하여 다수를 만드는 경쟁을 제도화한 체제'이며 넓게는 '다양한 영역에서 사회를 이루는 개인들의 관계 방식을 제도화한 체제'라고도 할 수 있습니다. 대의제는 사회적 소통의 일부이면서 동시에 핵심적인 제도입니다. 그런 만큼 대의제가 제대로 작동하지 않는 민주주의 제도가 제대로 작동하기 위한 새로운 민주화 운동을 진행해야 하는데, 이것을 '민주주의의 민주화'로 표현할 수 있습니다. 민주화를 통해 획득된 민주주의 성과를 다시 민주화하자는 말입니다.

　민주주의의 민주화에서 가장 중요한 것은 지역주의와 반공 이데올로기, 언론의 정파성 등과 같은 조건을 넘어 어떻게 다수의 사람이 '적극적이고 창조적으로' 정치행위에 참여할 수 있게 할 것인가로 요약할 수 있습니다. 지금까지 민주화 운동을 통해 민주주의의 절차적 제도를 정착시켜 왔지만, 시민을 정치적으로 조직화하는 데는 성공하지 못했습니다. 더욱이 권위주의 시절에 민주주의 발전에 커다란 기여를 했던 진보정치 세력들도 정치적으로 조직화해 정치적 대표성을 확보하는 데는 그리 성공하지 못했습니다.

물론 그 대표성은 수동적 대표성이 아니라 능동적·창조적인 대표성으로 구성될 때 대의제의 위기는 물론 현재 민주주의의 위기를 방어할 수 있습니다. '각성된 시민'들의 능동적이고 창조적인 참여가 아니면 자칫 동원으로 이어질 수 있습니다. 오늘날 대의제 위기와 관련하여 근본적인 문제는 정치가 대중들의 자발성과 어떻게 연결되느냐, 그것도 광장이라는 일회적이고 우연적인 것이 아니라 지속적이고 제도적인 연대의 고리를 어떻게 확보하느냐입니다. 이는 민주주의의 주요한 과제이고, 이것을 진척시키는 것이 현재 진보가 당면한 중요한 과제입니다.

민주주의의 정치사회적 내용도 중요하지만, 그 조직적 기반 또한 민주주의를 지속시키는 데 매우 중요합니다. 내용과 아울러 형식 또한 민주주의를 진보시키는 중요한 변수가 될 수 있다는 것입니다. 그것은 어떻게 민주주의와 진보정치가 조직화된 대중을 기반으로 존립할 수 있을까 하는 문제이기도 합니다.

필자가 공동체에 관심을 갖는 이유 중 하나가 바로 이것입니다. 이것은 진보정치가 관료주의적이고 조직이기주의적인 태도를 극복하고 새로운 가치의 실천자로서, 민주주의의 실천자로서 자신의 위치를 어떻게 다시 확보할 수 있을까 하는, 현재 진보주의의 역사적 과제와 깊은 연관을 갖는 것입니다. 진보든 보수든 이 대중적 자발성이 극대화되지 않을 경우에 그 사이를 가로막는 사익화 구조가 작동하게 마련입니다. 현재 대의제의 위기를 넘어서고자 하는 '민주주의의 민주화'의 핵심은 곧 공동체를 기반으로 참여를 극대화하고 사익화 구조를 원천적으로 제약하는 것입니다. 그것은 진보정치를 재구성하기 위해서 피할 수 없는 과제입니다.

유럽 진보의 제3의 길, 진정한 대안인가

　　1990년대에 들어 유럽의 진보는 '제3의 길'이라는 새로운 진보의 전망을 제시했습니다. 서구 진보진영이 왜 그리고 어떻게 신보수주의와 신자유주의 세계화에 적극 대응하는 제3의 길을 선택하게 되었는지, 그 의미는 무엇인지 주목할 필요가 있습니다.

　　1970년대 말부터 1980년대 초반에 몰아닥친 신자유주의의 세계화는 이전까지 유럽의 진보를 지탱시켜 온 사회민주주의와 복지국가 모델을 심각한 위기에 빠뜨렸습니다. 유럽의 사회민주주의는 지나친 복지 국가적 조치들의 확대로 국가의 재정위기를 가져왔습니다. 특히 세계화의 압력으로 인한 높은 임금비용으로 이어졌으며, 결국 자본의 해외유출 등으로 경제성장과 국가경쟁력이 저하되는 상황에 직면했습니다. 더구나 신자유주의의 세계화에 따른 자본시장과 재화시장의 급속한 국제화는 자본과 화폐의 흐름을 통제할 수 있는 일국 정부의 경제적 결정권을 점점 축소시켜 '일국적 차원에서의 케인스주의(복지국가 모델)'를 사실상 불가능하게 만들었습니다. 이런 결과는 영국으로 하여금 심각한 재정위기와 국가부도를 경험하도록 했습니다.

또한, 탈산업화에 따른 취업 구조상의 변화도 사회민주주의의 전통적 기반을 약화시켰습니다. 즉, 전통적 노동자층의 감소, 임금노동자층 내부 분화의 심화와 노조세력의 약화가 그것입니다. 1980년대 말 국제적 진보의 중심에 있던 소련을 비롯한 사회주의의 붕괴는 19세기 이래 '자본주의 체제 비판과 극복'을 의미하던 사회주의적 진보관을 근본적으로 붕괴했습니다. 1980년대 이후 제3세계 개발도상국에서도 급진적 민족해방운동이 점차 퇴조하고 있었습니다.

유럽의 '제3의 길'은 바로 이런 상황에서 서구 진보주의 나름의 주체적 대응의 성격을 지닙니다. 1999년 4월 새로운 민주당을 주창한 미국의 클린턴 대통령, 신노동당을 제시한 영국의 토니 블레어 수상, 신중도(Die Neue Mitte)를 내세운 독일의 슈뢰더 총리, 혁신사회주의를 내세운 프랑스 조스팽 대통령 등 유럽의 주요 진보정치 세력들은 워싱턴에서 '제3의 길-21세기를 위한 진보적 통치'라는 진보정상회의를 통해 새로운 진보주의(New Progressivism)를 주창하고 나선 것입니다.

이들의 모임은 사회주의 붕괴(1989년 소연방 붕괴)와 더불어 유럽의 복지국가가 더 이상 사회경제적 문제 해결에 역동적 대안이 되지 못하는 시점에서, 급변하는 외부의 도전과 위협에 진보적 방식으로 대응하고자 한 것이었습니다. 그것은 세계화라는 거대한 도전 앞에 ①참여민주주의, ②성장과 분배를 동시에 고려한 동반성장, ③중도개혁적 정치세력이 주도하는 제도개혁으로 요약할 수 있습니다.

이런 노력을 가장 정교하게 정리한 것이 영국의 사회학자 기든스가 제시하고 집권당(노동당)의 토니 블레어 수상에 의해 적극적으로 수용되었던 '제3의 길'(The Third Way)이라 할 수 있습니다. 그 내용은 크게 두 가지로 정리할 수 있습니다.

첫째, 이중적 민주화입니다. 지금까지 민주화의 성과를 다시 민주화할 필요가 있다는 것이다. 앞서 설명한 '민주주의의 민주화'입니다. 탈 중앙집중화를 통해 국가권력의 분권화, 직접 민주주의 확대, 연대의식 강화와 공동체 정신 회복, 시민단체의 비판자 동반자 관계 유지, 민주적 가족관계 회복 등이 그 내용입니다. 둘째, 신혼합경제(new mixed economy)입니다. 공공부문과 민간부문 간의 상호작용을 강조하고, 공공영역에 시장원리 일부 도입, 인적 투자 중심의 복지정책, 국가와 지방 및 초국가적 수준에서 규제와 탈규제 간의 균형 추구 등입니다.

이러한 제3의 길은 공공지출 축소, 세금인하, 사회복지 개혁, 노동시장의 유연성 제고, 경제적 역동성 확보 등을 표방함으로써 복지 영역을 비롯한 통치 전반에 큰 영향을 미쳤습니다. 블레어 총리는 이를 기반으로 국영기업 민영화를 강력히 추진했고, 사회보장제도에도 개혁의 칼날을 들이댔다. 또 각종 복지수당을 줄이는 대신 일자리 창출에 주력한 결과 일부 지역 경제가 활력을 되찾았고, 실업률이 상당히 떨어지기도 했습니다. 물론 이에 대한 비판과 저항도 적지 않았으나 민주주의와 시장경제를 절충하면서 실용적 진보이념을 구축한 것으로 평가받았습니다.

우리의 경우도 '제도적 진보'가 형성되면서 IMF 경제위기로 유발된 양극화 등의 위기 현상에 대응하기 위한 진보적 전략의 하나로 제3의 길은 심도 있게 논의됐습니다. 특히 성장과 복지를 동시에 추구하는 진보적 발전 모델을 제시해야 한다는 점에서 제3의 길이 우리에게 제시하는 함의가 적지 않았습니다.

이에 대해 신자유주의 광풍 속에서 진보가 생존하기 위한 불가피한 선택이었느냐, 아니면 진보주의 내부의 자발적 혁신이었느냐는 질문이 제기될 수도 있습니다. 실제 노무현 대통령도 자신의 책을 준비하면서 이러한 질문을 반복적으로 제기한 적이 있습니다. 신자유주의 광풍의 시대에 진보정치가 주체적으로 선택할 수 있는 가능성과 한계에 관심이 있었기 때문일 것입니다.

그러나 제3의 길을 우리에게 바로 적용할 수 있는 것은 아니었습니다. 유럽과 우리의 역사발전 과제나 상황이 다르고, 우리의 경우 복지국가를 거치지 않았으며, 냉전적 권위주의 질서가 여전히 온존하고 있는 상황에서 사회주의 붕괴도 그 의미가 다르게 다가올 수밖에 없었기 때문입니다. 서유럽 사회에서 드러났다고 하는 복지국가의 폐해 문제 또한 아직 복지국가의 초기 단계에도 이르지 못한 우리의 처지에서 말을 꺼내기조차 부끄러운 상황입니다. 그런 만큼 이 '제3의 길'은 자칫 공공영역에 대한 시장원리 도입의 확대로만 받아들여질 수 있습니다. 최소한의 사회안전망도 갖추지 못한 상태에서 제3의 길은 복지의 확충이라기보다 개방이나 규제개혁 등과 같은 시장주의적 재편으로 해석될 가능성이 높기 때문입니다. 그럼에도 그동안 진보세력에게 국가발전 전략 혹은 국가전략이 부재했다는 비판과 자기반성의 측면에서 제3의 길이 한국의 진보주의에게 적지 않은 교훈을 준 것은 사실입니다.

공동체 기반 없는 진보는
지속 가능할 수 없다

지난 2004년 가을, 한 편의 논문이 노동운동계를 깜짝 놀라게 했습니다. 〈당대비평〉에 게재된 박승옥의 '왕자병에 걸린 노동운동, 이대로 가면 죽는다'라는 매우 단정적인 제목의 글입니다. 이 비판적인 글의 핵심은, 노동운동이 자신의 고유한 공동체 의식을 상실하고 이익집단으로 전락해버렸다는 것입니다. 그는 "전체 노동자의 10분의 1에 해당하는 조직 노동자들에게만 국한해 임단협 위주의 '전투적 투쟁'을 되풀이하면서 실제 노동자들이 겪고 있는 부동산, 교육, 사회복지에 대한 어떤 대안도 제시하지 못하고 있다"고 지적했습니다. 그는 이어 전교조와 병원노조를 직접 언급하면서 "자치와 자율의 민주주의를 이루고 인간관계의 근본을 바꾸어 새로운 공동체를 만들고자 하던 노동운동의 수많은 의제는 다 어디로 갔는가?"라고 질타하기도 했습니다. 결론적으로 노동운동은 성찰을 통해 '시민권을 다시 회복해야 한다'고 권고합니다.

이러한 지적은 이미 다양한 형태로 여러 차례 제기되어 왔습니다. 특히 '노조'라는 낡은 진보의 형식에 대한 지적이 대표적입니다. 과거의 노조는 노동자 계급이라는 사회경제적 약자를 보호하는 수단이자 제도로 기능했으나, 민주화 이후 노조는 더 이상 사회적·도덕적 지지를 받지 못한 채 특정 노동자들의 임금과 근로조건 개선에만 매몰된 집단 이기주의의 도구로 전락했다는 것입니다. 불행하게도 노동조합은 집단의 물리적 힘으로 물리적·경제적 이익과 사회적 지위 향상을 목적으로 하는 경제적 이익집단과 동일하게 인식되는 상황에까지 이르렀습니다. 특히 연이어 터진 노동조합의 부패와 성추문 사건 등은 노동운동을 비롯한 진보주의 전반의 도덕적 정당성과 신뢰를 무너뜨리는 계기가 되고 있는 게 현실입니다.

진보진영의은 합리적 소통이 부족하다는 지적도 오래전부터 있었습니다. 진보진영의 정파주의와 폐쇄적 소통구조는 안으로는 민주주의의 결여, 밖으로는 합리적 정책 생산의 결여라는 문제점을 파생시키고 있다는 것입니다. 진보진영 내의 과거 지향적이고 연고주의적인 정파대립 구조는 민주적 소통의 단절에 따른 민주주의의 결핍을 초래하고 있습니다. 이처럼 닫힌 소통구조는 밖으로도 합리적·생산적인 대안세력으로서의 이미지를 보여주지 못하는 요인으로 작용하고 있습니다. 여타 정치사회 및 시민세력과의 적대적·비타협적인 태도로 인해 합리적 협상력의 부재를 초래한 것은 물론이고 정상적인 정책공론의 형성 자체를 어렵게 만들기도 했습니다. 이는 민주화의 성과 위에 새로운 사회정치적 세력으로 부상한 진보진영이 스스로 민주화를 실현하는 데 실패했음을 의미합니다.

오늘날 진보주의의 가장 분명하고 강력한 대중조직 기반은 노동조합 운동임이 틀림없습니다. 또한, 노동조합 운동이 새로운 공동체의

식으로서 대안적 가치를 지니고 있었던 것도 사실입니다. 그러나 오늘날의 결과는 박승옥의 혹독한 비판에서 벗어날 수 있을지, 이런 대중조직을 바탕으로 과연 진보주의 정치가 지속 가능할 수 있을지에 대해 낙관적으로 대답하기 어려운 현실입니다.

〈유러피언 드림〉에 따르면 유럽에서는 보편적 인권, 평화와 공존, 삶의 질, 문화적 다양성, 지속 가능 발전, 시민사회 발전과 참여와 같은 진보적 의식이 공동체 운동과 결합하면서 새로운 꿈을 형성해 가고 있습니다. 많은 지식인들이 유럽모델에 관심을 갖는 것도 바로 이런 이유 때문입니다. 그러면 우리는 지금의 노동조합 운동에서 어떤 꿈과 공동체 의식을 발견할 수 있는가? 나아가 진보가 시장과 국가권력으로부터 스스로 보호하는 것을 넘어 새로운 시장과 국가모델을 창출해 가는 진보적 사회공동체로서 어떤 고민과 노력을 하고 있을까?

이런 문제의식 속에서 박승옥은 새로운 공동체운동과 그것에 기반을 둔 진보주의 정치의 '재구성'을 주장하고 있습니다. 그의 비판은 단순히 노동조합의 문제를 지적하는 데 그치는 것이 아니라, 오늘날 우리 사회에서 어떻게 진보정치가 지속 될 수 있느냐에 관련된 문제입니다. 특히 시민공동체를 조직화 하고 연대하는 것은 진보주의의 사활이 걸린 문제라고 해도 과언이 아닙니다.

더욱이 시민공동체 의식과 운동의 토대 없는 진보정치는 정치적 위기를 반복적으로 경험할 수 밖에 없습니다. 또한, 위기로부터 자신을 지키기 위한 최소한의 방어로써 도덕주의를 선택하지 않을 수 없습니다. 참여정부에 대해 이상주의적이거나 계몽주의적 권력관을 지니고 있다는 비판이 없지 않은데, 이것이야말로 한국의 권력 양상을 매우 순진하게 바라보고 있기 때문입니다. 많은 사람이 노무현 대통령은 자신의 순진한 권력관 때문에 수사를 당하는 수모를 겪고 있다는 촌평을 내놓았습니다. 그러나 이것은 공동체적 토대가 없는 진보주의 정치가 본질적으로 도덕성에 의존해 상황을 돌파할 수밖에 없는 불가피한 측면을 이해하지 못한 것입니다. 참여정부의 이상주의적 태도를 문제 삼을 것이 아니라 진보정치가 어떤 공동체적 기반 위에서 지속 가능성을 확보할 수 있을 것인가를 고민해야 할 일입니다.

진보정치의 공동체 운동 기반 문제는 광장 혹은 촛불시위의 가능성과 한계를 규정하는 것이기도 합니다. 2008년 쇠고기 수입과 관련하여 광장이 열리고, 그 광장에서 촛불을 든 시민들이 정치적 문제의식을 공유하고 소통했지만, 그것이 제도적 성과로 이어지지는 않았습니다. 이명박 정부는 오히려 시장적 보수에서 이념적 보수로 반동화하는 방향으로 나아갔습니다. 이런 한계를 극복하기 위해서라도 시민공동체 운동들과 일상적으로 소통 가능한 체제를 형성하는 것이 매우 긴요한 것입니다. 물론 이것으로 기존의 제도권력과 권위주의 권력연합을 당장 능가할 수는 없을 것이지만 진보정치와 개별적 시민이 연대하는 공동체 운동의 기반이 없으면 권위주의 권력 연합이 시민들의 일상생활을 침해할 때 방어해낼 수 없다는 것입니다. 어떻게 자율, 참여, 공존 등과 같은 진보적 가치를 구현하는 시민공동체 운동을 바탕으로 지속 가능한 진보주의 정치를 재구성할 것인가? 전통적인 진보정치의 기반이라 할 수 있는 노동조합운동 등이 어떻게 진보적 가치를 구현하는 공동체 의식으로 재무장할 것인가? 이것이 진보진영의 최대 고민이어야 하며 앞으로 과제이기도 합니다.

왜 '깨어 있는 시민의 조직된 힘'이 필요한가

"민주주의 최후의 보루는 깨어 있는 시민의 조직된 힘입니다."

노무현 대통령 묘에 쓰인 묘비명으로 잘 알려진 글입니다. 마지막까지 노무현 대통령이 고뇌했던 문제를 가장 압축적으로 표현하고 있는 문장입니다. 노무현 대통령은 서거 직전까지 어떻게 진보정치가 지속 가능한가를 고민하고, 이 고민에서 출발해 민주주의와 진보에 대한 교과서를 쓰려 했습니다. 노 대통령은 진보정치의 지속 가능성을 이론적으로는 성장 중심의 보수 담론에서 복지 중심의 진보 담론으로 근본적으로 전환하는 것에서 찾고자 했으며, 또 이런 전환은 실천적으로는 깨어 있는 시민의 조직된 힘으로 이뤄질 수 있다고 생각했습니다.

그러면 왜 하필이면 깨어 있는 시민의 조직된 힘이어야 하는가? 필자는 이와 관련해 노무현 대통령과 여러 차례 깊이 있는 대화를 나눌 기회를 가졌는데, 아마 노 대통령이 그리던 '사람 사는 세상'을 가능하게 하기 위한 '깨어 있는 시민들의 조직된 힘'이란 바로 '진보적 시민공동체'일 것으로 이해하고 있습니다. 그렇다면 이 진보적 시민공동체는 무엇이며, 어떻게 가능하며, 무엇을 할 수 있는가? 이 논의를 시작하기 위해 '왜 공동체인가'의 문제의식을 다시 한 번 정리하고 넘어갈 필요가 있습니다.

왜 다시 공동체인가? 첫째, 진보정치와 시민이 분리된 추상적, 우연적 관계를 극복하기 위한 전략입니다. 국민의 정부는 지역적 기반을 바탕으로 정치권력의 상대적 안정성을 가질 수 있었지만, 참여정부는 지역이라는 공간을 떠난 개별화되고 추상화된 개인들의 지지관계에만 의존하고 있었을 뿐입니다. 지역주의 청산을 주요한 정치적 과제로 삼은 참여정부로서는 과거와 같은 특정 지역의 정치적 지지를 자신의 바탕으로 삼을 수 없었기 때문이기도 합니다. 이런 상태에서 지지하는 시민과 정치권력은 단지 선거나 촛불시위 등과 같은 일회적인 소통에 그칠 뿐 권력을 구성하는 안정적 연대체계를 확보할 수 없습니다. 진보정치는 제도권력, 의회, 경제, 법조, 종교, 지역과 그것을 정치적으로 동원하는 보수언론에 포위된 상황에서 특히 최근 권위주의 권력연합이 다시 복귀하고 있는 시점에서는 이와 같은 현상이 더욱 두드러질 수밖에 없습니다.

공동체에 대한 논의와 문제의식은 이처럼 '어떻게 하면 진보정치는 지속 가능할까?' 하는 고뇌와 '왜 노무현 대통령은 부엉이바위 위에 서야만 했을까?' 라는 물음에서 시작합니다. 다시 말해 진보정치와 시민들의 일시적, 우연적 관계 속에서는 이러한 일이 계속 반복될 수밖에 없다는 절박한 문제의식에서 출발할 수밖에 없습니다. 그리고 그 대안을 시민공동체, 그것도 새마을운동과 같은 권위주의에 의해 동원된 공동체가 아니라 진보적 가치를 품고 이를 지켜내는 진보적 시민공동체, 다시 말해 진보정치와 시민이 결합할 수 있는 접점인 시민공동체에서 찾아야 합니다.

둘째, '왜 지금 이렇게 쉽게 민주주의가 후퇴하는가'에 대한 아주 직접적이고 절박한 문제의식입니다. 필자는 지난 10여 년의 민주적 성과가 적지 않았고, 또 그것이 이제 우리 사회에서 제도와 과정을 거쳐 안정화되었다고 판단했습니다. 참여정부 말기의 법제화를 비롯해 다음 정부가 어떤 식으로든 진전된 민주주의 결과를 되돌리지 못하도록 하기 위한 다양한 조치들을 취했음에도, 국민들은 이명박 정부가 집권한 지 1년도 채 되지 않아서 민주주의 붕괴와 후퇴를 목격했습니다. 이명박 정권 5년이 지나고 박근혜 정권 1년을 맞는 지금은 민주주의의 수준이 아예 전두환 독재 시절이나 박정희 유신 시대로 돌아가는 것이 아니냐는 우려가 나올 정도입니다. 진보적 시민공동체에 주목하는 것은 '진보가 어렵게 이룩한 성과가 왜 이렇게 허약하게 무너질 수밖에 없을까'에 대한 반성적 문제의식이 전제되어 있습니다.

오늘날 정치학계에서 '민주주의의 민주화'를 말하고 있는 것도 같은 맥락입니다. 이제까지 민주주의는 정치체제적 민주화→사회경제적 민주화→생활세계적 민주화를 통해 그 구체적 내용이 풍부하게 되는 방향으로 진행되었지만, 우리 진보의 기반은 대단히 취약하다는 것이 드러났습니다. 그것은 민주주의를 공고화하기 위한 새로운 민주화 운동, 즉 시민공동체 운동을 기반으로 하는 새로운 민주화 운동을 모색할 필요를 보여주고 있습니다. 또 기존의 정치체제의 민주화, 사회경제적 민주화, 생활세계적 민주화의 결과들을 다시 민주적으로 재구성함으로써 진보적 역량을 극대화하자는 것이다.

셋째, 기존의 국가-시장이라는 이분법적 구도에서 현재 세계 자본주의에서 야기되는 다양한 문제들을 해결하는 것이 현실적으로 불가능하다는 인식이 확장되고 있는 것과 관련이 있습니다. 과거의 사회주의적 국가계획경제는 말할 것도 없고 유럽의 케인스주의적 복지국가 경험을 통해, 국가에 의한 사회 발전에는 일정한 한계가 있음이 입증되고 있습니다. 특히 급속한 세계화로 세계적 차원에서 발생하는 다양한 문제들을 일국의 차원에서 해결한다는 것은 이제 가능하지 않게 되었습니다. 반대로 이러한 국가의 실패를 시장의 경쟁 시스템으로 치유할 수 있다는 신자유주의적 가정이 틀렸다는 것도 최근 미국의 금융위기가 잘 보여주고 있습니다. 시장 자체가 이익 극대화를 추구하고 있기 때문에 이러한 이익을 공공적 가치와의 균형을 맞추지 않으면 민주적 제도에서도 사익화가 심각하게 나타날 수밖에 없다는 것입니다.

이명박-박근혜 정권 등 우리나라 보수주의 세력의 개혁 - 민영화, 규제철폐, 감세 -이란 사실상 신자유주의 철학을 그대로 반영한 것이었습니다. 이것은 공공성을 사익화의 구조 속에 편입시킴으로써 우리 사회 전반에 심각한 위기를 가져오고 있습니다. 시장권력이 정치권력을 장악한 데 이어 여론 소통구조인 언론마저 장악하면서 언론과 정치와 시장이 견제와 균형을 유지하는 가운데 공공성이 지켜지는 것을 기대하기는 불가능해졌습니다.

넷째, 진보주의 스스로 개혁하고 새로운 비전을 만들어 갈 동력을 찾기 위한 것입니다. 노동조합운동은 임금 중심의 배타적 투쟁에 매몰되어 과거의 공동체성을 상실한 채 새로운 대안세력으로 평가받지 못하고 있는 것이 현실입니다. 시민운동도 지금까지 정부나 의회, 지방자치단체, 기업, 언론의 감시 기능에 집중한 나머지 시민과의 결합을 통한 대안적 사회에 대한 비전을 제시하지 못하고 있습니다.

그렇다면 진보주의는 이제 무엇을 어떻게 혁신함으로써 스스로 새로운 동력을 찾을 수 있을 것인가? 사실 한국의 보수주의는 이미 오래전부터 이런 문제의식을 느끼고 나름의 공동체 운동을 형성해 왔다고 볼 수 있습니다. 그들은 전통적인 농촌공동체를 해체하고 과거 군사권위주의 질서에 적합한 새마을운동 등과 같은 공동체를 만들어 냈습니다. 또한 부녀회, 노인회 등 수많은 공동체를 자신들의 지지 기반으로 다져왔습니다. 진보는 어디서 새로운 공동체 정신을 충원할 것인가? 바로 이것이 진보적 공동체 논의가 다시 부각되는 이유입니다.

유럽이 파시즘과 나치즘 같은 국가주의에 대한 저항으로 시작한 새로운 운동은 동시에 새로운 공동체적 가치를 창출하는 과정이었습니다. 유럽에서의 '68혁명'이 산출한 공동체 운동은 여성, 환경, 인권, 동성애, 문화주권 등 문화와 실제 생활상의 새로운 진보적 대안운동으로 이른바 신사회운동(new social movement)이라 불립니다. '68혁명'을 계기로 유럽의 진보는 구좌파의 해방정치에서 생활정치 중심으로 중요한 전환을 겪었습니다. 나아가 이전의 물질적·계급적 사회운동과 정치질서를 거부하고 자율화, 분권화, 다양성 등을 존중하면서 보편적 가치에 입각한 사회적 통합을 지향해 나갔습니다.

이와 같은 시민공동체 운동은 결국 보편적 인권, 평화와 공존, 삶의 질, 문화적 다양성, 지속 가능한 발전, 시민사회 발전과 참여의 문화를 중시하는 새로운 사회적 흐름을 창출했고, 그 흐름은 단순히 시민 공동체 내부에 머문 것이 아니라 사회 전체로 확장되어 나갔습니다. 이러한 공동체적 가치를 바탕으로 기존의 시장경제와 다른, 예를들어 협동조합식 기업과 같은 새로운 경제 시스템도 만들어가고 있습니다. 정치영역에도 적용해 유럽연합과 같은 새로운 초국가적 통치 모델도 창출해냈습니다.

마지막으로, 정보화로 나타난 사이버 공동체가 가진 진보적 가능성에 주목할 필요가 있다는 점입니다. 정보화는 세계화와 더불어 공동체에 관한 근본적으로 다른 논의를 가능하게 해주고 있으며, 실제로 지금 다양하고도 새로운 형태의 공동체를 창출하고 있습니다. 정보화, 세계화는 기존의 지역적 단위에 국한되었던 공동체 개념에 혁명적 변화를 가져다주었습니다. 지구촌 공동체, 사이버 공동체, 네트워크 공동체에 관한 논의가 부각되고 있는 것도 바로 이런 배경 때문입니다. 이는 공동체의 구조와 기능 변화가 교통과 통신 기술의 발달과 매우 밀접하게 관련된다는 것을 잘 보여주는 것이기도 합니다.

시민사회에서 시민공동체 사회로

현대 사회는 시민사회입니다. 오늘날 공동체에 대한 논의에서 시민과 시민조직을 빼고는 설명할 수 없습니다. 공동체란 개별화된 시민들의 단순한 집합이 아니라 '깨어 있으면서 조직화된 시민들'을 말합니다. 특히 국가공동체· 민족공동체·경제공동체도 있으며 한때 민족공동체가 막강한 영향력을 행사해 왔지만, 이제 세계화와 정보화 등을 통해 그 중심적 활동 공간이 시민사회로 옮겨왔다는 점에서 시민공동체는 중요한 의미가 있습니다. 시민사회의 등장과 확대는 오늘날 공동체 운동의 기반이자 그 구조와 성격을 규정한다고 하겠습니다.

시민사회의 등장은 기존의 정치와 경제에 대한 인식에 커다란 변화를 가져왔습니다. 근대사회에서 경제는 시장 메커니즘에 의해 매개 되고 정치는 사회구성원 모두로부터 분리된 특수한 권력체인 국가를 중심으로 이루어졌습니다. 하지만 현대에 이르러 정치영역과 경제영역을 매개하는 기능을 수행하면서 사회구성원들의 다양한 사회적·문화적 활동이 이루어지는 생활세계의 영역이 등장했습니다.

사회구성원들의 자발적 의사에 따라 조직되는 활동영역으로 이것이
바로 '시민사회'입니다.

시민사회는 1970년대 이후 본격화된 세계화·정보화에 따른 국가
의 상대적 축소에 따라 부각되기 시작했습니다. 정보화가 민족국가
단위의 경계를 약화시키고 세계화는 국가의 성격(역할)을 변화시켰
기 때문입니다. 민족국가 내에서의 정치보다 유엔 등 국제기구의 역
할 증대에 따른 지구적 수준의 거버넌스가 중요해지는 '정치의 세계
화'와 아울러 NGO 등 비국가 활동영역의 영향력이 확대된 것입니
다. 탈규제화, 사유화, 공공 서비스에서의 시장제도 도입 등 일련의
신자유주의적 정책들을 통해 국가의 후퇴가 초래되고 있는 것도 같
은 배경입니다.

국가가 후퇴하면서 시장이 그 공간을 차지하는 경우 – 특히 우리나
라의 경우처럼– 시민사회의 중요성은 증대되는 것이 일반적 현상이
기도 합니다.

시민사회의 공적 기능과 역할이 중요시되면서 국가를 바라보는 관
점도 변하고 있습니다. 과거의 국가가 주로 민족적·역사적 정통성의
관점에서 논의되었다면, 이제는 정당성이 논의의 핵심을 차지하게
됐습니다. 국가가 시민사회를 강력하게 통제하고 국가에 대한 시민
공동체의 자율성이 낮아지면 국가체제의 민주성과 정당성은 약화됩
니다. 반면, 국가에 대해 시민공동체의 자율성이 높아져 국가가 시민
사회의 통제를 더 많이 받으면 받을수록 국가체제의 민주성과 정당
성은 그만큼 강화됩니다. 이런 점에서 오늘날 '강한 민주주의(strong
democracy)'는 예전 국가의 정통성과 물리력이 아니라 바로 '능동적

시민'의 존재라는 조건 아래서 가능하게 된 것입니다.

앞에서 여러 차례 지적한 바와 같이 진보정치의 지속 가능성을 결정적으로 제약하는 것은 진보정치와 시민 개개인의 추상적, 우연적 관계이고 이를 넘어서기 위한 시민사회는 현재 '시민 없는 시민운동'으로 시민의 참여를 제도화하고 조직화하는 데 현격한 한계를 드러내고 있습니다. 게다가 우리 시민사회는 막강한 시장권력이나 권위주의에 포섭되거나 동원되어 있기까지 한 상황입니다.

따라서 시민사회 내부의 공동체 운동과 공동체 의식의 회복, 또한 그것을 통해 시민과 진보정치 사이의 분리를 극복해야 하는 점이 시민공동체의 첫 번째 주요한 문제의식입니다. 두 번째 문제의식은 시민공동체의 생활세계적 의제를 정치적 의제와 효과적으로 결합하는 과정을 어떻게 만들 것인가와 관련되어 있습니다. 즉, 사적이고 일상적인 삶의 이슈들이 시민사회에서 공론화되고, 이것이 국가 및 시장의 공공성과 연계되어 해결의 방식을 만들어 가는 시민공동체의 정치과정을 생각해 볼 수 있습니다.

이런 의미의 시민공동체의 효과적인 작동은 분권화된 지방자치에서 보다 실효적으로 이루어질 것입니다. 소규모의 지역공동체에서는 상대적으로 협조적 공동성을 확보하는 것이 쉬울 뿐만 아니라 효율적인 정책 결정의 가능성도 높기 때문입니다. 물론 이 또한 시민들의 자발적이고 적극적인 참여를 전제하지 않으면 성립되지 않습니다. '시민적 공동체'는 다양한 시민의 참여를 허용하는 사회권력의 개방과 합리적 의사소통을 필요로 하며, 거꾸로 이러한 개방과 소통의 지향점은 시민공동체의 폭넓은 구성원들, 즉 시민들의 참여를 통해서만 가능합니다. 공동체를 구성하기 위해서는 '연대와 참여'라는 원칙이 필요하며, 공동체 내에서 개인은 비로소 자유로운 개인의 직접적 참여를 극대화할 수 있을 것입니다.

하지만 이러한 '능동적 시민'은 어디서 어떻게 창출되는 것인가? 시민사회가 개별화되고 추상적인 개인들의 계량적 총합으로 간주되는 한 이와 같은 능동적 시민을 창출할 수 없습니다. 이 문제는 원래 우리의 문제의식, 즉 '어떻게 진보정치가 지속 가능한가'에 대한 대답을 찾아가는 데 결정적인 대목이라 할 수 있습니다.

이런 맥락에서 벤자민 바버의 공동체 논의는 시사하는 바가 매우 크다고 할 수 있습니다. 그에 따르면 전통적 의미의 시민은 정부에 소속된 시민일 뿐, 시민들 간의 직접적인 공동체적 유대라는 관념이 없습니다. 그는 시민공동체는 지역 정치에서 효율성과 가능성이 높은 것은 물론 능동적 시민이 창출될 가능성도 더욱 높다고 주장합니다. 그만큼 개개인의 생활세계와 정치적, 정책적 연계 효과가 높을 뿐 아니라 실제로 하나의 과정으로 통합시켜 갈 수 있기 때문이라고 합니다. 바버의 시민공동체 논의에서 주목할 만한 점은 이러한 능동적 시민이 바로 이처럼 대면적 상호작용이 가능한 지방적 수준에서 가능성이 높다는 것을 강조한 점에 있습니다. 바버가 제시하는 예들은 우리나라에서 흔히 '마을 만들기' 프로젝트라고 소개되는 다양한 예들과 유사하다고 할 수 있습니다. 하지만 여기서 바버의 주장을 액면 그대로 적용할 수 없는 몇 가지 주의점을 지적할 필요가 있습니다. 무엇보다 우선 이와 같은 지역 정치를 넘어서는 다양한 형태의 감정이입이 이뤄지고 있다는 점입니다. 이제 인터넷 공동체의 발전은-물론 어떻게 시민성을 획득해 시민공동체가 될 수 있느냐 하는 문제는 여전히 남아 있지만-기존의 감정이입과는 다른 방식과 내용을 창출하고 있고, 그것이 오늘날 새로운 공동체적 가능성을 제공하고 있다는 것입니다. 따라서 지역 정치라는 것은 단순히 공간적 의미의 지역이라기보다 감정이입이 가능한, 인간의 욕망과 생활의 조건들이 구체적으로 매개된 공간으로 해석할 수 있을 것입니다.

또 지역정치가 시민공동체 작동이 쉬운 공간이라 하더라도 그것이 곧 시민공동체의 진보성이 보장되는 것은 아닙니다. 특히 우리의 경우처럼 지역정치가 개발독재나 권위주의 질서를 추종하면서 지역 특권구조를 형성하고 있는 상황에서, 이를 기반으로 형성된 지역정치가 과연 진보성을 가질 수 있느냐 하는 것입니다. 상업주의에 오염되거나 센세이셔널리즘의 포로가 될 경우, 그 시민공동체는 오히려 기대하는 것과 반대되는 결과를 낳을 수도 있습니다. 이런 점에서 지방자치단체나 그 의회는 매우 중요합니다. 지금까지 진보주의 진영은 주로 중앙권력 중심의 사고에서 벗어나지 못했던 것이 현실입니다. 하지만 이미 우리 정부의 재원배분과 사회가 작동하는 구조를 살펴볼 때 최소한 지자체나 지방의회를 거치지 않고서는 사회적 갈등을 효과적으로 해결할 수 없습니다. 가령 복지 전달체계의 경우 재원배분도 문제지만, 그것을 전달하는 지자체와 이를 뒷받침해야 할 지방의회의 인식은 재원만큼이나 중요한 변수가 되고 있는 것이 현실이기 때문입니다.

공동체의 핵심은 창의성과 자기 조직화

　필자는 진보적 자유주의를 위한 시민들의 연대와 조직화를 공동체 운동에서 찾아야 한다고 강조해왔습니다. 여기서 공동체 운동이란 과거 농촌의 혈연 공동체로 되돌아가는 것을 의미하거나 전체주의적 공동체를 말하려는 것이 아닙니다. 필자가 주장하는 것은 이러한 구도와 다른 '진보적 공동체'입니다. 공동체의 핵심은 구성원들의 연대 양식이며, 그것으로 그 공동체의 진보성 여부가 결정됩니다. 이 진보적 연대 양식의 핵심은 '창발성'과 '자기 조직화'라 할 수 있습니다. 구성원들이 창발적으로 참여하고 스스로 조직화해서 체계를 발전시켜 나가는 공동체를 말합니다.

　우리 사회의 민주화는 앞서 언급한 대로 정치체계적 영역(민족, 해방, 통일, 자유, 평등, 민주주의, 법치 등)에서 출발해 사회경제적 영역(투명성, 절차적 정당성, 인권, 환경, 평화 등)을 거쳐 생활세계적 영역(분배, 생태, 삶의 질, 문화적 다양성, 지속 가능한 발전, 참여, 균형 발전 등)으로 확장됐습니다. 이러한 민주화 과정은 진보주의 정치와 운동을 통해서 가능했으며, 그것이 곧 공공성 의미의 확장 과정이기도 했습니다. 그러나 이러한 가치들 하나하나를 획득하기 위해서 진보주의 정치와 운동은 매우 어렵고도 고통스러운 과정을 거쳐야만 했습니다. 그럼에도 역사적 투쟁을 통해서 획득한 가치들을 진보주의 정치의 자산으로 굳건히 다지지 못한 것이 사실이기도 합니다.

그런데 오늘날 민주주의 담론의 중심에는 훨씬 구체적이고 일상적인 가치들이 들어서고 있으며, 민주주의는 국가체제에서 시작해 생활세계로까지 그 영역이 확장되고 있는 것이 현실입니다. 우리나라도 제도로서 지방자치제가 점점 뿌리를 내리고 시민들의 삶의 양태와 민주적 의식체계가 복잡·다양해짐에 따라 생활 민주주의에 대한 관심이 갈수록 높아져가고 있습니다. 따라서 이제 필요한 것은 '생활세계의 진보적 재구성'이라고 하겠습니다. 민주화 투쟁을 통해서 획득한 진보적 가치들을 녹여낸 공동체, 그것도 구성원들의 '창발성'과 '자기조직화'에 바탕을 둔 공동체를 형성하는 운동을 이제 새롭게 다시 시작해야 합니다. 진보적 공동체 정신을 바탕으로 정치체제는 물론 사회경제체제와 그것을 작동하는 제도 권력을 진보적으로 재조직화해야 합니다. 그렇지 않으면 진보주의의 지속 가능성을 보장할 수 없기 때문이기도 합니다.

공동체에서 가장 핵심적인 부분은 그 구성원들의 연대방식이라 할 수 있습니다. 연대방식이 어떠한가에 따라 그 공동체의 진보성 여부가 결정될 수도 있기 때문입니다. 물론 이것은 필요조건일 뿐 충분조건은 아닙니다. 이러한 연대방식에 덧붙여서 최소한 우리가 민주화 운동을 거쳐 획득한 진보적 가치들을 어떻게 그 안에 담아낼 수 있는지도 중요합니다. 하지만 그것마저도 이러한 연대방식이 진보적이지 못할 경우에는 진보적 형태로 표출되기는 어렵습니다. 교조적·관료적 조직들이 진보적 전망과 가치를 결코 담아낼 수 없는 것과 마찬가지입니다.

혈연에 기초한 전통적 농촌공동체에서는 가족의 서열과 연령이 구성원 간의 매우 중요한 '연대방식'입니다. 농촌공동체는 공간적으로 제약되어 있고 장기간의 시간이 요구되는 특성을 가지므로 경험의 축적과 전승이 생존에서 매우 중요합니다. 아울러 혈연공동체 내에서의 질서 또한 이러한 가족의 서열이 중요한 원리가 되지 않을 수 없습니다. 봉건 질서는 이런 공동체를 기반으로 유지될 수 있었습니다. 개발독재도 이와 같은 가족주의 동원구조를 활용했으며, 동시에 그것을 국가에 의해 동원 가능한 구조로 바꾸고자 시도했는데, 그것이 바로 새마을 운동이었다.

오늘날 이러한 가족주의가 존중하고 보존해야 할 전통이 남아있는 것은 사실이지만, 공동체 구성원들의 다양한 요구를 소통하는 데 적절한 진보적 연대방식이라 할 수는 없을 것입니다. 공동체에 참여하고 있는 구성원들의 연대방식을 계속 강조하는 이유는, 그것을 어떻게 이해하느냐에 따라 그 공동체는 미래지향적인 진보적 공동체가 될 수도 있고 집단주의나 전체주의와 같은 파시즘적 공동체가 될 수도 있기 때문입니다. 실제로 자유주의-공동체주의 논쟁에서 공동체주의는 그 구성원들의 연대방식에 대한 고려 없이 마치 집단주의와 동일하게 취급받는 경우도 있습니다. 공동체가 개인의 자유를 구속하는 내적 질서를 지니고 있으면 공동체주의는 전체주의가 될 수도 있다는 것입니다.

이러한 창발성과 자기 조직화가 이뤄지기 위해서는 '자발적 참여' 가 무엇보다 중요합니다. 자발적 참여는 창발성과 자기 조직화의 기본 조건이기도 합니다. 다시 말해 하위 단위의 상호작용이 활발하게 전개될 때에만 일정한 패턴화가 창발적으로 이뤄진다는 것입니다. 지시명령 사회에서는 이러한 상호작용이나 피드백이 사실상 존립하기 어렵고, 오히려 조직의 상상력이나 지능은 현격히 약화되거나 외부에 대한 대응력도 취약할 수밖에 없습니다. 한 조직이나 단위의 사고 능력과 외부에 대한 대응력을 '지성'이라고 표현한다면, 집단 차원에서 새로운 구조이자 질서를 창출하는 구성원들의 이와 같은 상호작용을 특징짓는 형태가 바로 오늘날 온라인 공간에서 주로 이뤄지는 '집단지성'이라고 할 수 있습니다. 즉, 개체의 차원에서 해결하지 못하는 능력을 전체 집단 차원에서 새로운 능력으로 발휘하는 것이 집단지성입니다.

　　국가주의와 권위주의에서 벗어나자고 하더라도 이것이 국가를 부정하거나 정치의 의미를 폄하하는 것은 아닙니다. 오히려 그 반대입니다. 정치와 국가권력이 중요한 만큼, 국가와 정치를 어떻게 진보적으로 재구성하느냐가 더욱 중요하다는 것입니다. 이런 점에서 조직화와 소통 방식이 진보적이어야 한다는 것은 본질적으로 중요하며, 이런 점에서 사이버상에서 시도되고 있는 다양한 형태의 공동체 운동과 집단지성은 우리에게 새로운 가능성을 제공할 것이라 기대하는 것입니다.

진보정치, 시민 생활터전인 지역에서 출발하라

　진보주의 정치는 창발적이고 자기 조직화하는 시민공동체와 집단 지성의 힘으로 대중적 기반을 지켜나가야 함을 말씀드렸습니다. 또 이들 시민공동체 운동이 현실적 힘으로 전환하기 위해서는 진보정치로의 수렴 과정이 필요합니다. 바로 이 지점에서 중요한 역할을 하는 것이 있습니다. 바로 '지역정치'입니다.

　현재의 지역정치는 지역주의와 개발주의에 의해 동원되고 있다는 한계를 지니고 있습니다. 지역주의는 서로 다른 지역과 의제를 대립시킴으로써 실제로는 각 지역 내부의 개발주의자들이 가진 주도권을 공고화하는 폐해를 가져오고 있습니다. 이런 상태에서 각 지역 내부에서 경쟁은 가능하지도 않고, 설령 가능하다 하더라도 현재와 같은 경쟁으로서는 의미가 있는 것도 아닙니다. 오히려 다른 지역과 적대적 구도를 만들어 개발경쟁을 함으로써 개발주의자들이 기득권을 유지·강화할 뿐입니다.

　지역주의와 개발주의로 인해 진보진영이 민주화를 거쳐 획득한 성과와 공공성 역시 지역정치에 제대로 뿌리내리지 못하고 있습니다.

이런 상태에서는 시민들의 실질적 참여가 봉쇄될 수밖에 없습니다. 설령 지역에서 시민공동체들의 진보적 노력이 있다 하더라도 그것이 지역정치라는 엄청난 벽을 넘지 못해 소멸되거나 아니면 중앙정치가 산출한 지역주의 등과 같은 의제에 의해 동원되어 버립니다.

이러한 부정적 요소들은, 한편으로 지역정치 공간이 그만큼 민주적 진보적 가치를 구현할 수 있는 잉여 공간으로 남아있음을 의미하기도 합니다. 제도정치의 과정에서 지난 10여 년을 통해 획득한 다양한 경험과 민주적·진보적 성과와 공공성 등을 지역으로 이전함으로써, 지역정치로부터 진보정치의 지속가능성을 확보할 수 있을 것입니다. 특히 우리의 경우 법조, 교육, 종교, 언론 등 제도권력에서 보수가 압도적 우위를 점하고 있는 상황에서 지역정치 공간은 그나마 진보적 정치에 의해 변화 가능한 의미 있는 공간이라 할 수 있습니다. 시민공동체 운동의 가장 적합한 형식이 바로 지역정치라는 점도 다시 강조할 필요가 없을 것입니다.

지역정치가 상층 정치에 비해 상대적으로 개인의 자유롭고 직접적인 참여를 극대화할 수 있는 좋은 조건을 지니고 있는데, 그것은 이웃과의 정치적 활동에서 특히 중요한 것이 '감정이입'이며, 그것은 정치공동체의 기초를 이루기 때문입니다.

물론 우리 지역정치에서 공동체가 없는 것은 아니지만, 과거 권위주의 시절 국가가 동원해 만들어 놓은 지역정치 세력들에 압도당하고 있는 것이 사실입니다. 각종 보수적 관변단체들은 중앙정부가 어떤 정부였는가와 상관없이 지자체와 결합해 지역정치의 중심에 서 있는 게 현실입니다. 특히 이들 관변단체가 주로 개발주의에 포위된 지역 자영업자들에 의해 점령되었다는 것은 앞에서도 설명한 바 있습니다.

여기에 비해 지역의 공동체 운동들은 아직 시민공동체로 발전하지 못하거나, 설령 시민적 관심사를 다루는 공동체로 발전했다 하더라도 지역정치 외곽에 머물고 있는 것도 지금의 현실입니다. 이와 같은 지역정치에 개입하는 것을 자율이라는 이름으로 이를 외면함으로써 마치 시민으로서의 도덕성을 지킬 수 있다고 생각하는 경우도 있습니다. 이런 생각으로 인해 시민공동체가 추구하고 있는 진보적 가치나 의제들이 지역정치는 물론 중앙정치에서조차도 제대로 논의되지 못하고 있으며, 권위주의 권력연합이 복귀하면 기존의 중앙정치 중심으로 형성되었던 민주주의 체제, 진보주의의 성과, 공공성을 위한 장치들을 허무하게 무너뜨리게 되는 것입니다.

그럼에도 지역정치를 진보와 공공성, 그리고 민주주의 확장을 위한 긴급하고 중요한 공간으로 파악하려는 시도가 의미있는 것은 틀림없습니다. 21세기 생활세계의 시민공동체 비전은 국가, 시장, 시민사회의 공적인 역할이 이른바 거버넌스에 기반하여 결합된다는 데 있습니다. 이것은 사적이고 일상적인 삶의 이슈들이 시민사회에서 공공화되고, 이것이 국가 및 시장 차원의 공공성과 연계하여 그 해결 방식을 창출하는 시민공동체의 정치과정을 의미합니다. 지역정치의 진보적 공동체 가치를 확장하기 위한 몇 가지 조건을 살펴보겠습니다.

첫째, 시민공동체 운동이 지역적 연대를 통해 해당 지역이 부딪히고 있는 공통적 문제에 대한 인식을 공유하고 대안을 객관화하는 노력이 필요합니다. 물론 이미 지역단위에서 다양한 형식으로 공동체 운동들의 연대가 이뤄지고 있겠지만, 그들이 다룬 의제가 자칫 지역주의적 의제이거나 아니면 아예 의제가 되지 않는 경우도 적지 않습니다. 참여정부에서 복지예산 확충과 더불어 전달체계를 개편하기 위한 시도의 하나로 읍면동 사무소를 복지문화센터로 전환하는 작업을 시도했으나, 이것이 이들 지역공동체 운동의 관심거리가 되지 못했던 오류를 상기해야 합니다.

둘째, 시민공동체 사이의 연대를 통한 민주적·진보적 가치, 공공성에 대한 인식의 공유가 필요합니다. 우리 사회의 다양한 배경과 경험 속에서 발생한 여러 형태의 공동체 운동들은 그 다양성만큼이나 인식에서도 차이를 보일 수밖에 없는데, 이런 차이에도 불구하고 세계적 수준에서 새롭게 형성되고 있는 진보적 공동체 운동들과 연대하는 것은 물론, 다양한 형태의 공동체 운동들 사이의 연대와 인식의 공유를 통해 각 공동체 운동을 객관화하지 않으면 자칫 퇴행적이고 폐쇄적인 자족적 운동으로 머물 수 있습니다.

특히 오늘날 개성, 취미, 관심 등을 중심으로 형성되고 있는 새로운 형태의 공동체 운동도 나름대로 시민성을 획득해 나가고 있습니다. 창발성과 자기 조직화를 논리로 하는 네트워크 공동체는 그것 자체로서 이미 진보적 뜻을 지니고 있는 것으로 평가할 수 있습니다. 이들은 이러한 자기 조직화를 방해받고 있다는 사실에서 이미 '공공성의 위기'를 느끼고 있고, 자신들의 관심과 개성을 보호하기 위해서라도 공공성을 지키기 위한 진보적 노력을 기울여야 합니다.

중요한 것은 지역적, 생활정치적 의제를 어떻게 효과적으로 전국적 의제로 전환시킬 것인가라고 하겠습니다. 지금까지 생활정치의 중요성은 각 정당의 주요한 슬로건이 되기도 했고, 부분적으로 생활 정치와 관련된 몇 가지 정책이 나오기도 했습니다. 또 어떤 정치인은 생활현장에 들어가 오랫동안 힘들게 노동을 하기도 했습니다. 그럼 에도 이들의 노력이 지역정치는 물론 전국적 정치 단위에서도 의제 화되는 경우는 드물었습니다. 생활정치, 지역정치의 의제 주도력을 높이기 위해서라도 일차적으로 공동체 운동들의 지역적 연대와 다양 한 공동체 사이의 연대와 공유가 필요합니다. 그럼으로써 과거 중앙 정치 중심의 의제 창출에서 이제는 생활세계를 기반으로 하는 공동 체 단위에서도 의제 주도권을 확보할 가능성을 얻고자 하는 것입니 다. 나아가 현재 보수언론과 제도권력에 의해 제약되고 있는 진보적 가치와 공공적 가치를 의제화 가능성과 통로를 확보할 수 있고, 이를 통해야만 지속 가능한 진보의 바탕을 창출할 수 있을 것입니다. 이는 전통적 국가주의적 접근이 아닌, 아래로부터 진보적 토대를 마련하 기 위한 시도이기도 합니다. 지금까지 진보주의 운동이 주로 국가 중 심적으로 전개됐지만, 그것은 몇몇 명망가나 지도자의 창출로 가능 했던 측면이 있었습니다. 이제 진보주의를 재구성하는 작업은 불가 피한 일이며, 그것은 바로 시민공동체 운동을 통해서 그 가능성을 확 보할 수 있을 것입니다.

　과거 이명박 정부는 권위주의 권력연합으로 자신의 정당성이 지속 적으로 위협받게 되자 '중산층과 서민을 위한 정책 기조로 전환'하겠 다고 선언하면서 이것은 진보도 보수도 아닌 '중도 실용적 노선'이라 고 주장했습니다. 하지만 그중 대부분 정책은 참여정부에서 추진했던 정책들입니다. 물론 경우에 따라 진보정치 세력 중에도 가끔 중도를 포용해야 한다면서 이념의 우향우를 주장하는 경우도 자주 경험했습니다.

그러나 중요한 것은 이러한 이념적 잣대가 아닙니다. 공동체 운동을 통한 의제 창출은 이와 같은 '이념적 중도' 따위의 담론 이상의 의미를 지닙니다. 지금까지의 중앙 중심의 의제 생산과 주도를 극복하고 시민들이 자율적으로 참여하는 공동체를 통해 자율과 참여를 극대화해야 합니다. 그러므로 '중도냐 아니냐'가 아니라 '중앙이냐 생활세계냐'의 문제가 핵심입니다. 이런 점에서 지역정치를 민주화하고 투명화하여 그 공간에서 생산된 생활세계적 의제를 전국적 의제로 확장하는 것이 진보정치의 과제이자, 그것이 또한 진보정치의 새로운 동력이 될 것입니다. 그래서 노무현 대통령은 자신의 묘비명에 이렇게 남기지 않았겠습니까?

"민주주의 최후의 보루는 깨어있는 시민의 조직된 힘입니다."

제4부

낡은 다리로 미래의 강을
건널 수 없다

- 언론에 나타난 김창호 -

"기존의 정치권 상상력으로는 경기도 발전 없다"

[CBS 노컷뉴스 인터뷰/2013.11.27]

참여정부에서 국정홍보처장을 지낸 김창호 '더좋은미래연구소' 소장이 내년 경기도지사 지방선거 출마를 사실상 선언했다. 김 소장은 CBS노컷뉴스와의 단독 인터뷰를 통해 "야권이 대안을 만들어내지도 못하고 새로운 리더십을 창출하는데도 사실상 실패하고 있다"며 "시대착오적인 박근혜 정권에 대응하려면 야권 기득권을 넘어 새로운 대안과 비전을 만들어 낼 인물이 있어야 한다"라고 밝혔다.

출마를 결심하게 된 배경은?

김창호 소장은 "21세기에 유신과 같은 방식의 리더십으로는 우리 사회를 이끌어 갈 수가 없다. 국민들은 지금 박근혜 대통령의 50년 전 통치방식에 대해 피로감을 느끼고 있다"고 말했다.

그는 "이런 상황에서 내년 지자체선거는 좋은 후보를, 좋은 단체장을 뽑는 것은 물론이고 박근혜 정부를 넘어서는 새로운 대안을 만들어내는 선거"라고 설명했다.

"득히 경기도 같은 경우 서울과 인천, 경기노 3개 수도권 지역 숭에

서도 가장 핵심 지역이다. 그만큼 중요한데 경기도지사는 10년이 넘
도록 새누리당이 집권해오고 있는 상황"이라며 "경기도지사 선거에
서 야권이 이기려면 새로운 리더십이 필요하다고 본다"고 말했다.

"야권은 현재 확실한 대안을 만들어내지 못하고 새로운 리더십을
창출하는데도 사실상 실패하고 있다고 생각한다"는 김 소장은 "민주
당에도 새로운 정치가 필요한 것이고 새로운 정치는 한 개인의 의제
가 아니라 민주당의 의제이기도 하다"고 말했다.

그는 "그래서 경기도의 비전과 새로운 대안을 만들어내는 정치권
의 노력이 매우 절실한 시점이라고 보고 있다"고 덧붙였다.

김 소장은 그러면서 지금 거론되는 후보들로는 새누리당을 이길 수
없다는 뜻을 분명히 밝혔다.

이미 출마 의사를 밝힌 야권 후보들과의 다른 점이 있다면?

김 소장은 "그분들은 많은 경륜과 경력을 가지고 계시다. 정치권에서 제가 경험하지 못한 국회의원들을 한 번도 아니고 세 번씩 또는 그 이상 지낸 정치적 경험을 가지고 계시다"고 밝힌 뒤 "그런 점에서 보면 제가 배우고 또 많이 가르침을 받아야 할 처지에 있다"고 말했다.

그는 이어 "그러나 또 다른 한편에 있어서는 우리 민주당뿐만 아니라 경기도 전체에 어떤 새로운 변화가 요구되고 있다. 새로운 정치가 요구되고 있는 것"이라고 강조했다.

"기존에 정치권에서 상상력으로 현재 부딪치고 있는 경기도의 문제, 대한민국의 문제를 해결할 수가 없다."

"그래서 새로운 비전과 새로운 상상력과 새로운 대안을 가지고 있는 인물을 요구하는 것"이라는 김 소장은 아마 이런 점에서 제가 그런 욕구에 대한 기대를 채울 수 있는 후보가 되지 않겠느냐는 생각이 든다"고 털어놨다.

그는 "경기도민들은 분명히 미래를 생각하고 있고, 미래의 새로운 가능성과 대안이 무엇이냐? 이것을 기대하고 있다"고 밝혔다.

김 소장은 경기도에 대한 자신의 의견도 밝혔다.

"한국은행에서 발표한 자료에 따르면 지금 경기도는 가장 젊은 사람들이 많이 사는 광역단체다. 그리고 교육수준이 가장 높다. 그런데 안타깝게도 소득의 증가율과 취업률은 가장 떨어지고 있다"며 경기도에 대한 자신의 의견을 이어갔다.

그는 "전통적인 산업은 충청도 등 외부지역으로 빠지고 있다. 여기에다 소비산업은 전부 다 서울로 유출되고 있다. 결국 경기도의 산업은 붕괴되고 있고 경기도의 정체성마저 해체되고 있다"고 설명했다.

이어 "이것이 경기도 위기의 핵심이다. 그런데 기존의 관료 출신 또는 정치인 출신들은 여전히 그 사고 속에 서울중심의 사고, 중앙부처 중심의 사고, 그리고 재벌과 개발중심의 사고에서 벗어나지 못하고 있다"며 "이런 방식으로는 지금 경기도의 이 위기를 넘어설 수가 없다고 본다"고 설명했다.

경기도를 어떻게 바꿀 것인가?

일단 크게 3가지 정도로 생각할 수 있다. 첫 번째로 첨단지식경제로 와야 한다는 것이다.

"경기도는 젊은 층이 많고 가장 고학력 층이 많다. 거기에다가 경기도에 대학이 가장 많이 있다"며 "미국이 그러하고 유럽이 그러하듯이 대학이라고 하는 것 단순히 교육정책에만 머물러 있는 것이 아니고 산업정책에서도 굉장히 중요한 핵이 될 수 있다"고 밝혔다.

대학에서의 산업에 대한 연구가 이뤄짐으로써 창업을 결합한 일종의 크로스를 형성할 수 있다.

그는 이어 "지금 50대의 은퇴한 아주 높은 수준의 경영훈련을 받은 분들이 경기도에 많이 살고 있다. 그리고 젊은 기술자들이 경기도에 많이 살고 있다. 이것을 대학중심으로 연계한 첨단지식경제를 우리가 경제를 활성화해야 한다"고 말했다.

다시 말해서 경기도에 과거와 같은 굴뚝 산업, 환경을 오염시키는 전통적인 제조, 이런 것보다는 IT, BT 또는 문화산업 등등과 같은 가장 지식과 첨단기술이 결합된 그런 산업중심으로 경기도 산업을 재편해야 한다는 것.

김 소장은 두 번째로는 권역별 다양한 발전전략을 짜기 위해서 균형발전전략을 적극적으로 도입해야 한다고 말했다.

"지금 경기도 같은 경우에도 도농 간의 차이, 남북 간의 차이, 또는 지역적 차이 이런 차이들이 바로 경기도에 존재한다"며 "이런 차이들이 공존하는 형태로 균형 성장할 수 있는 체제로 전환하는 것이 필요하다"고 밝혔다.

이어 그는 하나의 완결된 경기도라고 하는 하나의 정체성을 갖는 데 집중할 필요가 있다고 정리했다.

세 번째로는 자치기반의 경제, 자치기반의 복지를 확충해야 한다고 설명했다.

김 소장은 "우리가 의식주를 비롯한 복지와 관련된 문제는 최소한의 자족적 구조를 가져야 한다는 것"이라며 "모든 문제가 자치기반의 공동체에서 의식주를 비롯한 복지가 기본적으로 해결되는 구조를 만들지 않으면 우리는 항상 생존의 위기에 직면할 수밖에 없다"고 설명한 뒤 "그래서 우리 도민들이 이런 생존의 위기로부터 자기 안정적인 삶을 유지하기 위해서는 자치기반의 복지 자치기반의 경제를 활성화해야 한다"고 밝혔다.

그는 "이런 3가지 전략이 성공하려면 기존의 인식에서 벗어나려는 노력이 필요하다"며 "서울에서부터 벗어나려는 노력, 또 중앙집권적 관료체제에서 벗어나려는 노력, 그리고 재벌경제 중심에서 벗어나려는 노력, 즉 이런 비전을 담은 새로운 경기도의 플랜이 필요하다고 본다"고 설명했다.

김 소장은 "과거 잉글랜드에서 사회적 모순 때문에 신대륙으로 이주한 사람들이 미국 땅에서 뉴잉글랜드라는 주를 만들었다. 그리고 뉴잉글랜드를 기점으로 해서 미국을 건설한 것"이라며 "그런 점에서 보면 저는 경기도가 바로 대한민국의 새로운 대안의 거점이 되지 않겠는가 그렇게 생각한다. 그것을 담아내는 '뉴(New) 경기플랜이 필요하지 않을까 그렇게 생각한다"고 밝혔다.

김창호 "이것이 사실이라면
지난 대선은 무효"

[뷰스앤뉴스, 박정엽 기자/2013.10.22]

김창호 전 국정홍보처장은 22일 지난 대선 때 정보기관들의 대선 개입 의혹과 관련, "이것이 사실이라면 국가기관에 의한 명백한 '부정선거'이며, 선거 자체를 무효로 할 수 있는 사안"이라고 단언했다.

김창호 전 처장은 이날 트위터를 통해 "국정원, 국방부 등 국가 기관이 정파적 이익을 위해 동원돼 대한민국 민주주의 역사에서 심각한 위기를 낳고 있다"며 이같이 말했다.

그는 "국가정보원 대선 개입 의혹 사건을 수사한 윤석열 전 특별수사팀장이 국회 국정감사에서 발언한 내용을 보면 국정원의 선거개입이 명백해졌다"며 "제가 윤 팀장의 지인으로부터 들은 바로는, '그는 검사로서 자부심과 배짱이 대단한 인물'이라고 평했다. 지인이 말한 '검사로서 자부심'과 '배짱이 대단한 인물'이라는 평은 공공적 가치를 지키고자 하는 공직자가 지녀야 할 자긍심과 단호함을 표현한 것으로 보인다"고 전하기도 했다.

그는 "대한민국의 기본 가치는 '민주공화국'이고, 이는 국가는 민주적 절차에 의해 운영되며 '공공성'이 기본적 가치의 중심에 선다

는 것을 의미한다"며 "국정원 등의 국가기관이 동원된 선거개입은
이미 이러한 헌법 1조를 부정한 엄중한 범죄"라며 거듭 박 대통령을
질타했다.

김창호 前처장 "노무현, 국정원 댓글제안 두번이나 단호 거부"

[CBS라디오 〈김현정의 뉴스쇼〉 인터뷰/2013.8.19]

■ 방송 : FM 98.1 (07:00~09:00)
■ 진행 : 김현정 앵커
■ 대담 : 김창호 좋은미래정책연구소 소장(전 참여정부 국정홍보처장)

'노무현 정부 때부터 정권 홍보를 위한 댓글 작업을 했다.' 지난 16일, 국정원 국정조사 청문회 자리에서 원세훈 전 국정원장이 한 말입니다. 결국, 이명박 정부 이전에도 국정원 직원들이 인터넷 댓글로 정부정책에 대한 홍보, 대북심리전 이런 걸 해왔다는 건데요. 특별히 이번 대선에만 개입한 게 아니라는 주장입니다. 정말일까요? 참여정부 인사들이 지금 강력히 반발하고 있습니다. 직접 들어보죠. 참여정부의 국정홍보처장을 맡았던 분, 김창호 좋은미래정책연구소 소장이 연결돼 있습니다.

참여정부 시절에도 국정원이 이런 댓글 작업을 했다는 게 원 전 원장의 주장인데요. 정말 했습니까?

일단 그 주장을 들으면서 일종의 공직자로서 직업윤리, 이런 것들을 생각하게 하네요. 사실에 근거한, 좀 책임 있는 진술과 발언들을 하길 기대했는데, 시정잡배도 아닌 사람들이 명백한 허위진술을 했기 때문에 참 실망스럽습니다. 언제 어디서 누구로부터 그런 보고를 받았는지 구체적으로 밝혀야 하겠죠.

명백한 거짓이다, 이런 말씀이신데요. 그렇게까지 확신할 수 있는 어떤 근거랄까요, 당시 상황에 대해서 뭔가 기억날 만한 게 있으십니까?

그 당시에 국정원 국내 담당 책임자가 저한테 와서 실제로 이 같은 제안을 했지만 제 선에서 단호하게 거절했던 여러 가지 사례와 증거들이 있습니다.

국내 담당 책임자라면 국정원 제2차장이 청와대의 국정홍보처장에게 와서 제안했다고요?

당시 정보원의 홍보물을 총괄했던 부서죠. 저를 찾아와서 여러 가지 제안을 했고, 그중의 하나가 'FTA 홍보에 관한 댓글을 달 수 있도록 대통령께 허락을 받아 달라. 그리고 관련 자료를 주시면 저희가 댓글을 달겠다.' 해서 제가 '그런 일은 하지 마라. 대통령 생각과도 맞지 않을 뿐만 아니라 그것이 정책의 정당성을 허물어뜨리기 때문에 그런 일은 옳지 않다.'고 거절을 했었죠.

한미 FTA 반대 목소리가 일어난 그 무렵의 얘기군요?

네. 그렇죠. 2006년도입니까? 2006년도, 제가 알기로는 7월 19일 저녁 7시에 만난 걸로 알고 있습니다.

정확하게 날짜와 시간까지 기억하시네요?

네. 그렇습니다. 제가 다 메모를 해 놓죠. 나중에 이런 상황이 있을지 모르겠다고 생각을 해서 다 일정표와 중요한 논의사항을 메모해 놨습니다.

어디서 만났는지도 기억하시겠네요?

네. 코리아나호텔에 안가였던 걸로 기억하는데. 중식당에서 중식

을 같이 먹었던 걸로 기억합니다.

코리아나호텔 중식당에서 7월 19일 저녁 7시에 만났다. 어떤 제안인지 구체적으로 말씀해 주시겠어요?

참여정부에서는 당시에 아시다시피 국정원의 역할을, 그러니까 정치나 정책에 개입하는 역할을 거의 차단해놨습니다. 그런데 당시에 FTA가 굉장히 중요한 정책적 사안이었고요. 이런 핵심적 국정과제에 대해서 국정원이 관여하지 못한다는 것에 대해서 국정원의 어떤 위기, 일종의 역할의 위기 같은 것을 아마 느꼈던 것 같습니다. 뭔가 거기에 역할을 해야 하겠다는 생각을 했던 것 같고요. 그래서 아마 당시에 홍보를 총괄 책임지고 있었던 저를 찾아와서⋯. 아마 대통령한테 직접 보고하는 방법이 없었겠죠.

그 당시에 독대를 금지해 놨으니까요.

그렇습니다. 대통령께 보고를 해 달라고 저한테 요청한 거고.

대신 청와대에 가서 보고를 해 달라. 우리가 홍보작업, 여론홍보작업을 하겠다?

네. 그렇습니다.

그 당시 정확하게 댓글 홍보작업이라고 말했습니까?

그렇죠. '국정원에서 FTA를 찬성하기 위한 댓글 작업을 자신들이 할 수 있도록 대통령께 허락을 받아 달라.' 이렇게 얘기를 했습니다.

여러 가지 홍보작업의 루트들과 방법이 있을 텐데, 인터넷 댓글이라고 했어요?

그렇습니다. '인터넷 댓글'이라고 얘기했습니다.

그걸 할 수 있도록 보고해 달라. 그래서 처장님이 안된다, 이런 답변을 분명하게 하셨어요?

네. '단호히 거절'했죠. 그것은 참여정부의 역사적 정통성과 관련된 문제고. 국정원의 정치개입이 어떤 결과를 가져왔는지 우리는 역사적으로 꾸준히 봐왔거든요. 그런 식의 판단은 우리 내부의 공통적인 판단이었을 겁니다.

처장님 선에서 일단 안 된다고 얘기를 하자 국정원 측의 반응은 어땠습니까?

어떤 식으로든 국정원에 대한 역할의 중요성에 대해서 여러 가지로 저한테 설명을 했죠. '국정원이 왜 정부 운영에 중요한가'에 대해서 여러 가지 설명을 했었습니다.

좀 하게 해 달라. 간곡한 설득을 계속한 거군요?

계속 설득보다 제가 단호하게 거절하니까 '국정원의 역할 중요성에 대해서, 일반정부 운영에서 국정원이 얼마만큼 중요한 역할을 할 수 있는지에 대해서' 일반론으로 계속 저한테 설명을 했던 기억이 있죠.

이 사실을 듣고, 당시 노무현 대통령에게도 보고를 하셨어요?

네, 사후에. 며칠 후에 국무회의가 끝난 자리에서 제가 보고를 드렸습니다. 사후에 보고 드린 거죠.

그러자 당시 노무현 대통령의 답변은 뭐였습니까?

국무회의가 끝나고, 구두 보고 드리고 걸어 나오면서. 그러니까 청와대 회의실에서 승용차에 탑승하기 전까지 제가 구두 보고를 드렸죠. 그랬더니 대통령께서 '잘하셨다. 절대 국정원이 여기에 개입해서는 안 된다.' 이렇게 얘기를 하셨죠.

조금 더 구체적으로 기억나는 말씀이 있습니까?

그러니까 그 당시에 차에 타기 전에 서서 저한테 설명을 충분히 들으시고, '잘하셨습니다. 절대 국정원이 여기에 관여해서는 안 됩니다. 다시 한 번 얘기해 주세요.' 이렇게 저한테 지시를 하셨습니다.

그래서 다시 한 번 얘기하셨어요?

그렇죠. 그리고 더 저기 한 것은. 식사 후에, 아마 1시 반이 넘었던 것 같습니다. 비상전화로 다시 저한테 전화가 왔어요, 대통령께서 직접.

노무현 대통령이 또 전화를 하셨어요?

네. 식사를 하시면서 '이게 자칫하면 친구들이 여기에 대해서 너무 쉽게 생각할지도 모르겠다.' 혹시나 이렇게 생각을 하셨던 것 같아요. 그래서 저한테 다시 전화를 하셔서 '국정원에 분명히 내 의사를 전달해라. 이건 절대 안 되는 일이니까 절대 해서는 안 된다.' 하고 저한테 말씀을 주셨고요. 그래서 대통령께 '저도 말씀을 전하겠지만 청와대 민정수석실과 국정상황실을 통해서도 지시를 해 주십시오.' 그렇게 저도 말씀을 드렸고요. 그래서 그 이후에 민정수석실과 국정상황실에서 저하고 협의를 거쳐서 다시 국정원에 지시를 한 것으로 알고 있습니다.

그런데 청와대에서는 그렇게 강력하게 하지 말라고 했지만, 혹시라도 국정원이 알아서, 그러니까 조금 전에 국정원의 위기와 위축을 말씀하셨잖아요. 위기라고 느껴서, 우리가 위축된다고 느껴서 댓글 작업을 알아서 했을 가능성은 없습니까?

그걸 전혀 배제할 수는 없지만, 국정원이라는 정보조직은 대통령의 인지나 허락 없이 움직이기가 쉽지 않을 겁니다. 따라서 그 책임의 문제를, 그러니까 어떤 식으로든 본인이 전체적으로 책임을 지는 상황들을 만들지 않을 걸로 저는 생각 하거든요. 그래서 지금과 같은 이명박 정부 아래서 선거 개입을 위한 댓글 작업이 이명박 대통령은 모르고 진행됐다? 그것은 현실적으로 조금 설득력이 떨어진다고 생각합니다.

그럼 분명한 것은 국정원이 그 당시에도 국내 정치에 개입하기 위해서 뭔가 끊임없이 계속해서 노력을 했다, 이렇게는 볼 수 있는 건가요?

아마 그 당시에도 국정원의 존재위기, 역할의 위기 같은 것이 계속됐기 때문에 어떤 식으로든 자기 역할을 꾸준히 확장하고, 새로운 역할을 개발하는 일에 대해서 관심을 갖고 있었을 겁니다. 조직은 있고 예산도 있고 인력은 있는데, 기존의 정치 개입과 같은 부정적인 역할은 차단을 하고 새로운 역할을 자꾸 주문하니까 어떤 새로운 역할을 찾으려고 했겠죠. 그러나 아마 예전대로 끊임없이 되돌아가려고 하는 그런 관성은 계속 있었지 않았겠느냐, 이렇게 예측은 해 볼 수가 있죠.

'이명박 정부가 모르고 댓글 작업이 이뤄졌을 가능성은 없다.' 지금 이 말씀을 하셨어요.

네. 그렇습니다.

그럼 원세훈 전 원장은 왜 거짓말을 했을까요?

저는 이명박 정부 공직자들의 공직자 윤리 같은 것이 참 문제라고 생각합니다. 조현오 전 경찰청장의 허위진술, 그리고 이번에 원세훈 원장의 진술을 보면서. 특히 증인선서까지 거부하지 않았습니까?

증인선서 거부라는 초유의 사태가 있었죠.

네. 그건 공직을 지낸 사람들이 공개적으로 '나는 허위진술을 하겠다'고 천명한 것이나 마찬가지인데. 이런 정도의 윤리의식을 갖고 있는 사람들이 어떻게 공직을 맡고 있었느냐. 이런 분들의 어떤 윤리의 문제, 이명박 정부의 공직자 수준의 문제를 생각하게 하는 상황이죠.

그게 진실이었으면 증인선서를 했을 것이다. 거짓이니까 증인선서 못 했다, 이런 의심도 드시는 거예요?

한두 가지만 거짓진술이 아닐 텐데, 이거 하나만 가지고 선서했다? (웃음) 아마 그렇게는 안 했겠죠.

당시 상황을 기록해 둔 문건이나 녹취, 뭔가 증거가 될 만한 것도 가지고 계세요?

제 일정을 기록해 놓은 일정표가 있고요. 그 나머지 것에 대해서는 제 사적인 것이어서 공개하기가 좀 곤란합니다.

일정표를 가지고 계시다는 말씀. 혹시 법적 대응도 생각하십니까, 이게 거짓 진술이라면?

아시다시피 지금 법적 대응이 어렵게 돼 있죠. '국회 증언 감정에 관한 법률에 따르면 어떤 처벌도 불이익 처벌을 받지 않도록' 돼 있습니다. 그래서 이 모든 상황을 법적으로 대응하는 것이 옳으냐, 이것도 생각을 해 봐야 되고요. 중요한 것은 이런 정도 수준의 공직자를 꼭 법적 대응 하는 것이 참.. 가치가 있는 일이냐, 이런 것도 생각이 들고 그러네요.

오늘 여기까지 말씀 듣겠습니다. 고맙습니다.

"진보진영 정치지도자들 기득권 포기해야"

[평화방송 〈열린세상, 오늘! 서종빈입니다〉 인터뷰/2009.12.5.]

우리 사회 보수세력, 보수주의를 보시면서 느끼시는 점이 무엇인지? 어떻게 평가하시는지?

보수도 우리가 얘기하는 것은 변화를 거부하는 게 보수가 아니다, 안정적 방식으로 보수를 추구한다는 것이 보수다라는 것은 보수주의 이론에선 정형화되어 있는 이론입니다. 문제는 우리 사회에서 보수는 그와 같이 변화와 공존하면서 보다 합리적 체계 속에서 변화를 추구하는 게 아니고 어떻게 보면 수구로서의 보수가 되어 있다는 것입니다. 최근에 뉴라이트가 등장했는데 사실 말은 뉴라이트, 신우익이라고 하나요? 앞에 '뉴'를 붙였지만 결국 그 궁극적인 회귀지점은 다름 아니라 반공주의로 회귀하고 있다, 그러면 전통적인 반공주의와 뉴라이트는 별로 구분되지 않는다, 보수의 비극은 자칫하면 바로 반공주의로 회귀하는 또 반공주의에 쉽게 의존해버리는 이런 안일성이 있는 게 아닌가, 그래서 저는 개인적으로 합리적 진보와 합리적 보수가 서로 공존하면서 경쟁하는 게 사회적으로 가장 바람직하다고 생각하지만 현실적으로 우리나라 보수는 과도하게 반공주의로 회귀하고 있고 이 지점은 한국 보수주의 비극이지만 동시에 한국 사회의 비극이기도 하다고 생각합니다.

4대강 세종시 문제에 대한 언론 보도 성향이 확연히 갈리는데 최근 상황 어떻게 보고 계십니까?

언론은 최소한 사실에 입각한 보도를 해야 한다고 생각합니다. 그런데 어느 시기부터 팩트와 오피니언이 혼재되기 시작했습니다. 우리 언론은 아주 기본적인 사실과 의견을 구분하지 않고 혼재시켜버리는 경향이 있습니다. 또 하나는 약자에 대한 배려가 없다, 이것은 진보언론만이 아니고 모든 언론이 가져야 할 준칙인데, 철학자 이름을 거명해서 죄송하지만 미국의 보수주의 철학자 존 로스 같은 사람은 이렇게 얘기합니다. 모든 정치적 정책적 판단의 기본에는 약자에 대한 배려를 기본적인 전제로 한다...그런데 이상하게 우리 언론에는 강자의 논리가 너무 강하게 언론에 투영되어 있는 것 같다는 느낌입니다. 이것을 진보와 보수 언론으로 나눠봤을 때 진보언론은 약자를 대변하고 자기주장을 하려고 하지만 사실 의제 주도권에서 현격하게 불리한 위치에 있기 때문에 사실 진보언론에 대해 이렇다 저렇다 비판적으로 평가할 만한 대상은 아닌 것 같습니다. 오히려 아직까지도 진보언론은 더 성장할 수 있도록 사회적으로 더 보호해주고 관심 가지는 것이 올바른 방향이라고 생각합니다. 중요한 것은 소수 언론의 정파성의 문제입니다. 이것은 제 개인 의견이 아니라 이미 학계나 언론계에서 오래전부터 보수 언론의 정파성, 똑같은 사안도 참여정부에서는 혹독한 비판의 잣대를 대다가 지금 이 정부에서 매우 너그럽

게 넘어가는 이런 정파성...그렇다보니까 지금 이명박 정부에 대해 감시와 비판의 기능을 철회해버렸습니다. 참여정부에 대해 그렇게 강했던 정부비판을 이명박 정부 들어선 프레스프렌들리라고 해서 철회해버렸습니다. 저는 단순히 이것이 이명박 정부 위기를 가져올 뿐만 아니라 장기적으로는 우리 사회 투명성을 낮춰서 우리 사회 전체에 상당히 어려움을 가중시킬 것으로 생각하고 있습니다.

이명박 정부하에서 진보 세력의 퇴조현상 후퇴현상이 나타나고 있다는 지적에 대해 어떻게

분명히 진보가 상대적으로 어려움을 겪고 있는 것은 사실입니다. 가장 중요한 이유는 대중과 유기적 결합을 이뤄내지 못하고 있는 부분이 진보의 가장 중요한 취약점이라고 생각합니다. 지금 보수 강자들은 이익을 중심으로 해서 대중과 정치권력이 굉장히 긴밀하게 연계되어 있습니다. 거기선 서로 이익을 공유하고 나눠 먹고 어떤 도덕적 가치나 사회의 공공성 보다는 자신의 이익을 위해서 보수 정치세력과 기층의 이해관계 집단 사이에 아주 긴밀히 연계되어 있는데 진보는 보다 합리적으로 생각하고 미래지향적으로 생각하는 개별 시민들과 정치세력 사이에 연계가 현격히 약화되어 있고 연결고리를 제대로 찾지 못하고 있는데, 이 부분이 진보 위기의 핵심이라고 생각합니다. 이것은 진보 언론만의 문제가 아니고 진보정치세력을 포함한 일종의 진보주의 세력 전체의 문제인데 어떻게 보면 과도한 정치권력 중심적 사고로 우리가 10년간, 뭐 그것이 꼭 나쁘다고 생각하지 않지만, 지난 10년간 우리가 집권했는데 결국 우리 진영의 자원이 고갈되면서 진영의 전체적 역량이 약화되고 있는 게 아닌가, 그래서 우리가 대중적 역량도 강화해야 하고 이론적 비전의 역량도 강화해야 하고 실천적 역량도 강화해야 하고 정치적 역량도 강화해야 하는, 어떻게 보면 지난 10년 동안에 고갈된 자원을 다시 충원시켜야 하는, 사상적으로 이론적으로나 실천적으로나 다시 한 번 그 작업을 해야 되는 것이 아닌가, 아마 노무현 대통령의 책도 바로 그런 문제의식에서 시작된 게 아닌가 생각합니다.

노무현-이명박 리더십을 한번 비교해 보신다면?

우선 이 사람들은 굉장히 인적통치를 하는구나, 예를 들어 공무원을 개혁하는 것도 특정 몇 사람을 잘라내고 겁주는 방식으로 하려고 한다거나 아니면 전봇대 문제를 단순히 전봇대 한두 개 뽑는 방식으로 해결하려고 한다거나 여기에 비해서 노무현 대통령은 굉장히 법치주의자이고 체계 중심적 사고를 하는 분입니다. 모든 것이 제대로 시스템과 체계로 작동되도록 그래서 지시명령에 의해서 움직이는 것이 아니라 시스템과 체계에 의해 문제가 해결되도록, 예를 들면 이런 것입니다, 공무원들을, 정부를 혁신해야 하는데 부서를 없애고 공무원 자르고 숫자를 자르면서 혁신하는 것이 아니고 내부의 끊임없는 평가시스템과 인사시스템 교육시스템을 만들어 해결하려고 한다는 것입니다. 이런 점에서 보면 밖에서 지지자들이 봤을 때 너무 답답한 게 아닌가, 너무 이상주의적인 것 아닌가 생각하는 분들이 있었을 것입니다. 그러나 노무현 대통령은 기본적으로 시스템에 의한 통치, 시스템에 의한 국가 운영···. 그러나 이명박 대통령은 지시명령에 의한 인적통치, 그것이 가장 잘 드러나는 것이 뭐냐 하면 참여 정부 시절엔 위원회가 많았습니다. 위원회는 다양한 부처 의견이 접점을 형성하고 조율을 형성하는 하나의 중간적 시스템입니다. 그런데 이명박 정부 들어 이것을 다 없애버렸습니다. 그러다 보니까 외교부 의제에 휘둘려 소고기를 쉽게 수입해서 문제가 생기고 또 어떤 부처 의견이 쉽게 반영되는 굉장히 위험한 일들이 발생하는 것입니다. 국민들도 기억하시겠지만 지금 없어진 부서가 전부 다 그런 부서의 업무를 조정 협력하는 부서입니다. 예를 들어 NSC, 이 NSC가 뭔가? 외교 안보와 관련된 모든 사안에 긴급하게 대응하고 조정하는 기구입니다. 그리고 국정상황실, 국정에 관해 대통령의 모든 업무를 조정하고 협의하는 기구입니다. 또 국정홍보처, 국정홍보를 협의하는 기구고 예산처, 예산 업무를 협의하고 조정하고 결정하는 기구입니다. 인사위원회도 마찬가지입니다. 이런 기구들을 전부 다 없애버렸습니다. 저는 바로 이것이 시스템에 대한 이해의 부족 아닌가? 이것이야말로 진정으로 아마추어적인 정부, 아마추어적 인식을 가진 대통령이 아닌가 생각됩니다. 이것이 결국 어디로 이어지냐면 기업 CEO가 갖고 있는 공공성에 대한 인식의 부재로 이어지는 게 아닌가?, 공공성에 대한 인식은 정치지도자의 필수불가결한 요건 중의 하나입니다. 정치를 하면서 나는 국민의 이익과 국가 이익 공동체 이익을 위해 일하는 것이지 자기 기업의 이익을 위해 일하는 것이 아니지 않나? 그러나 지금 그 공공성에 대한 인식의 지평이 결여됨으로써 사물의 판단에서 굉장히 즉흥적인 이런 현상이 나타나는 게 아닌가 보고 있습니다.

최근 내년 지방선거를 앞둔 진보진영 통합과 연대 움직임에 대해

진보개혁 세력연대의 문제는 단순히 정당 차원의 문제가 아닙니다. 시민사회 관계나 우리 사회 총체적 역량이 결합하여야 하는 게 아닌가, 그런 점에서 보면 내년 지자체 문제는 단순히 정당만의 문제는 아닙니다. 정당과 시민사회가 결합해야 한다. 특히 지역 정치는 어떤 생활상 요구가 정치적으로 결합하는 공간이기 때문에 시민운동과 공동체 운동 그리고 정치정당이 결합해야 하는 것이 아닌가 해서 지금 희망과 대안 등과 같은 중요한 시민운동 그리고 저희와 같은 시민주권, 그리고 민주당을 비롯한 제 정당이 서로 결합하기 위한 노력을 내부적으로 진행하고 있습니다. 아마 올 연말에 구체적 성과가 좀 나오리라고 보는 데 중요한 것은 이런 연대를 하기 위해서는 가장 중요한 것은 뭐냐면 자신의 기득권을 내놔야 합니다. 기득권을 내놓지 않고 연대를 얘기하는 것은 허구일 따름입니다. 기득권이란 게 뭐냐? 진보세력들이 지난 10년간 집권을 했음에도 불구하고 이와 같은 위기에 빠지게 된 그 책임을 스스로 통감하고 반성하고 성찰하는 데서 부터 출발해야 합니다. 그렇다면 지난 10년간 우리 사회 진보개혁의 정치지도자들 그리고 참여정부, 국민의 정부에서 중요한 역할 맡았던 분들, 이런 분들이 정말 아래로부터 연대를 위해, 아래로부터 다시 시작하는 그런 작업이 필요합니다. 그래서 아래로부터 새롭게 시작하는 운동이 필요합니다. 그렇기 위해선 저는 좀 강하게 말씀드리자면 대선 후보를 지낸 분들도 이제는 기초에서부터 다시, 아래로부터 다시 시작해서 우리 진보정치 역량을 강화하는 새로운 노력을 주도(솔선수범해야 한다고 생각합니다. 최근에 어떤 분들 보면 자칫하면 서울시장(후보), 자칫하면 경기지사(후보), 또 뭐하면 대선 후보, 이렇게 쉽게들 얘기하는데 저는 이것이야말로 지금 이 연대를 만드는데 가장 어려운 암초라고 생각합니다. 기초에서부터 다시 우리 사회를 생활과 정치가 결합하는 운동을 다시 시작해야 하는 게 아닌가 생각하고 있습니다.

"과거의 썩은 다리로 미래의 강을
건널 수 없다"

[시사인 90호, 박형숙 기자/2009.6.1.]

노무현 최후의 5개월, 그와 '진보주의 연구'를 함께 한 김창호 전 국정홍보처장을 만났다. 김 전 처장은 철학·이론·비전 분야를 담당하며 노 전 대통령과 1박 2일 토론을 벌이기도 했다. 5월 27일, 김 전 처장은 상주로서 서울역사박물관 분향소에서 총괄 간사를 맡고 있었다. 수면 부족에 경황이 없어 보였지만 분향소를 뜰 수 없었던 그를 틈틈이 인터뷰했다. 답변 도중, 그는 감정이 북받친 끝에 손수건을 꺼내 들기도 했다. 노 전 대통령에게 도덕성이 왜 생명과도 같은 것인지 설명하는 대목에서였다.

추모 열기가 식지 않고 있다.

인간 노무현이 서럽고, 우리 역사가 서럽다. 더욱 안타까운 것은 노무현으로 상징되던 꿈의 상실이다. 민주주의가 후퇴하고 권위주의 세력이 회귀해 재공고화하는 과정에서 노 전 대통령이 희생되고 노무현의 꿈이 실종되었다.

노 전 대통령이 최근까지 치열한 연구 의욕을 보였다고 하던데 회고록 준비였나.

성격이 다르다. 현직에 있을 때 정책 각론에 집중했다면 퇴임 이후에는 역사와 미래지향적인 의제에 관심을 가졌다. 2월 2일쯤 대통령을 만났다. 그때 "책의 주제는 진보-보수 논쟁이다. 그 핵심은 국가의 역할에 관한 것이다." "성장·복지 논쟁에서 복지의 방향이 옳으며 그것이 바로 국가의 구실이라는 점을 설득하고 알리는 것이 필요하다." "진보의 시대를 예비하고 보수주의 시대의 문제점을 비판하고 미래 담론을 준비할 필요가 있다."라는 등의 말씀을 하셨다.

공부 방식은 어땠나.

우선 대통령이 문제의식을 정리하고 참모진이 조언을 드리는 식으로 토론했다. 밥 먹고 봉화산 산책하는 시간을 제외하곤 토론을 계속 이어갔다. 나의 경우 한번 봉하에 가면 이틀에 걸쳐 토론을 했다. 또 대통령은 일상적으로 인터넷 내부 게시판에 질문을 던지고 인터넷에서 직접 찾은 자료도 올렸다. 참모들이 수시로 책을 권했는데 '인간이 무엇이냐'라는 철학적 주제로까지 확대되어 갔다. 사회 시스템을 움직이는 것은 결국 인간인데 그 인간을 규정하는 것이 무엇이냐는 질문이었다. 사회생물학에도 관심을 가졌다. 사상가 수준의 전환이었다. 현실 정치인이 아니었다면 철학 공부를 했을 거라는 말씀도 하셨다.

대통령이 쏟아내는 질문의 핵심은 뭔가.

대통령 생각의 중심에는 항상 사람이 있다. 우리 사회가 과연 사람들 하나하나가 살 만한 사회인가. 배고픈 사람들이 좀 더 품격 있게,

대접받으며 사는 방법은 무엇인가. 사실 대통령이 퇴임 이후 몇 가지 정책에 대한 회한을 가졌는데 청년실업과 양극화 문제에 대해 곤혹스럽게 생각했다. 복지정책에 대해서는 "선투자 후복지, 성장 중심의 50년간 이어온 틀을 깨고 싶었다."라고 말씀하시면서 충분치 못했던 것에 대해 안타까움을 토로했다. 그러다가 정권이 바뀌면서 약자에 대한 배려와 정책이 실종되었다. 그즈음 '국가는 우리에게 무엇인가' 라며 국가에 대한 고민을 본격적으로 시작했다. 하지만 걸리는 부분이 많았다. 대통령의 원칙은 시간이 걸리더라도 시민의 자발적 참여와 감시에 의해 민주주의 사회로 나아가는 것이었다. 하지만 국가 중심적 사고로는 이 부분을 어떻게 커버할 수 있을지 또 다른 고민에 처하게 된 것이다. 국가가 할 수 있는 역할도 있지만 동시에 우리가 경계하고 뛰어넘어야 할 위치에 국가가 있다는 점이다. 그러면서 넘어간 의제가 '진보'다. 자신의 고민과 생각을 진보라는 틀에 담을 수 있을까 고민하다가 그만 일을 당하셨다.

임기 말에 노 전 대통령은 "참여정부는 진보를 지향하는 정부"라고 규정했지만, 정작 민주노동당 같은 진보 진영에서는 '좌측 깜빡이를 켜고 우측으로 갔다'며 인정하지 않는다.

임기 중에는 민주주의, 시민권력, 복지, 진보, 이런 생각들이 완전히 체계화되지는 않았다. 퇴임 이후 이런 생각이 명료화하고 체계화하는 과정을 거치게 된다. 우선 노 전 대통령의 '좌파 신자유주의'라는 표현에 대해 해명부터 하겠다. 좌파 신자유주의는 대통령이 자신에 대한 비판을 야유하기 위해 던진 말이다. 한쪽에서는 나를 좌파라

하고, 다른 한쪽은 신자유주의라 하니 그럼 '좌파 신자유주의라고 해라.' 그렇게 모순어법을 쓰면서 양측을 모두 야유해버린 것이다. 임기 말 정체성 논란이 벌어졌을 때 대통령이 '유연한 진보'라는 표현을 썼는데 기존 진보가 정치경제학적·계급적 관점에 갇혀 있다면 대통령은 사회문화적 관점, 생활세계의 영역까지 그 범위를 확장하셨다. 국가 영역의 '복지', 시장 영역의 '성장과 경쟁', 시민사회 영역의 '공존의 가치'가 어떻게 진보로 재구성될 수 있을지 고민하셨다.

노 전 대통령이 생각한 진보는 어떤 것인가.

우선 대통령의 한국 사회에 대한 현실 인식을 설명하는 게 순서겠다. 큰 흐름에서 한국 사회는 권위주의에서 탈권위주의로 이동하고 있다. 이에 따라 군대·경찰·국정원 같은 '물리적 국가기구'에 의해 움직이는 사회에서 소통과 담론으로 움직이는 사회로 이동하고 있다. 그러나 그 결과는 일부 보수 언론의 독점으로 귀결되었다. 우리 사회가 권위주의에서 탈권위주의로 이동하면서, 국가 후퇴로 생겨난 '빈 공간'을 소수 보수 언론이 장악해버린 것이다. 그 때문에 시민영역은 축소되고 소수의 보수 언론만 팽창하는 상태가 되었다. 이런 환경에서 대통령이 되고 보니까, 자기를 찍어준 시민을 만날 수 있는 건 선거와 촛불뿐이었다. 언론, 법률, 교육, 시장 등 모든 제도 권력이 일상적인 권력을 행사하면서 정작 자신을 뽑은 시민과 대통령을 유리·단절시키는 구조였다. 국민은 '노무현 대통령이 왜 이렇게 나라를 시끄럽게 만드느냐'고 짜증을 냈지만, 대통령과 국민 사이를 에워싼 담장을 펄쩍 뛰어올라 '여기요' 하면서 자신의 존재를 알리고 생존하기 위해 절박하게 소리를 질러야 했다. 마치 감옥에서 '통방'하듯이 말이다.

검찰과의 대화, 국민과의 대화, 인터넷 대화 등 직접 소통을 시도했던 건 그 때문인가.

노무현식 진보의 핵심은 합리적 토론과 논쟁이 가능한 사회, 대화와 타협이 가능한 사회이다. 권위주의 사회에서 형성된 특권들을 해체하지 않으면 시민 권력을 되찾을 수 없다고 본 것이다. 임기 말 기자실 개혁을 밀어붙인 것도 일부 보수 언론에 의해 주도되고 있는 왜곡된 보도 환경, 그리고 그와 결합한 특권과 끝까지 타협하지 않은 것이다. 중요한 것은 토론의 윤리다. 왜곡이나 협박, 금권, 학벌, 지연에 의해서가 아니라 사실과 논리에 의해 '공론의 장'에서 투명하게 원칙에 따라 토론하자는 것이다. 바로 투명한 '공론의 장'에서 원칙 있게 토론함으로써 우리 사회를 합리적으로 재조직하자는 것이 노무현의 진보이고, 꿈이었다.

하지만 대중은 답답해했다. 우리가 대통령 찍어주고 의회 권력까지 교체해줬는데

대통령은 특권구조를 깨야 한다고 생각했지만 과거의 잘못된 방식으로 깨는 걸 용납하지 않았다. 지지 세력으로부터 '왜 제대로 장악하지 못하느냐. 무능하다. 아마추어 아니냐'고 비난을 받으면서도 '과거의 썩은 다리로 미래의 강을 건널 수 없다'는 것이 대통령의 확고한 신념이었다. 우리는 억울하고 외로웠지만 미래지향적인 방법을 쓸 수밖에 없었다. 다른 현실적 수단이 없었다. 이미 특권 세력에 의해 다 장악되어 있었다. 우리가 기댈 수 있는 건 시민과의 소통을 통한 동의와 지지였다. 그래서 도덕성이 중요했다. 도덕성을 공격받으면 말의 진정성은 사라진다. 그 진정성을 지키기 위해 목숨을 버리신 거다. 대통령을 할 때도 마찬가지였다. 할 수 있는 수단은 많았지만 하지 않았다. 권위주의 방식으로 정치하는 것은 쉽다. 역사의 딜레마는 여기에…. 그래서 대통령이 그 고생을 하고 사셨는데….(감정이 북받쳐 한동안 말을 잇지 못함). 진보를 향해 한 걸음 한 걸음 내딛다가, 과거 회귀 세력이 낡은 무기로 미래의 꿈을 산산조각내버린 것이다.

임기 중에 노 전 대통령에 대한 평가는 지지 세력조차 굉장히 박했다.

사실, 국민도 권력을 사용하지 않으면서 원칙을 지키는 일이 얼마나 어려운지 알고 있다. 하지만 우리는, 나조차도 보수 언론이 만들어 낸 착시 효과에서 자유롭지 못했다. 많은 사람이 노무현에 대한 보수 언론의 평가를 받아들이며 함께 노무현을 욕했다. 그게 구조화되어 버린 듯하다. 그런데 이제 착시의 껍질이 서서히 벗겨지는 것 같다. 퇴임 이후에도 대통령은 그래도 시민을 믿고 갈 수밖에 없다 생각했고, 사람에 대한 애정과 믿음을 끝까지 갖고 있었기에 진보를 공부하고 책을 펴내려 했던 게 아닌가 싶다.

노무현의 죽음이 검찰과 언론에 의한 정치적 타살이라면 결국 실패한 것 아닌가.

연초 한 번은, 지역주의 극복을 위한 정치 개혁과 언론 개혁에 대해 "돌이켜보면 아무것도 없는 것 같다."라고 말하면서 안타까워하셨다. 그러나 나는 일시적인 좌절을 실패라고 보지 않는다. 노 전 대통령은 꿈을 심었고 그 꿈이 국민에게 변화의 계기가 된다면, 노무현 개인은 서럽게 갔지만 노무현의 꿈은 어떤 식으로든 지속될 것으로 생각한다.

노무현이 꿈꾼 사회는 어떤 사회 모델로 설명할 수 있을까.

노 전 대통령은 학자와 달리 현실에서 자기 인식을 발전시켜왔기 때문에 서구유럽식 진보 모델과 이론으로 재단하기가 어렵다. 대통령은 '사람 사는 세상'이라고 표현하셨지만, 사회철학을 전공한 나는 그것을 '진보적 공동체'라고 표현하고 싶다. 시민사회 각 영역에서 크고 작은 공동체가 튼실하게 만들어져 시장과 언론의 과잉침탈을 막아야 '사람 사는 세상'이 된다는 게 노 전 대통령의 생각이 아닌가 싶다.

임기 중 경제정책을 보면 '시장주의에 포획되었다'는 진보 진영의 비판이 일리가 있다.

모든 시장과 경쟁을 부정할 수 없다. 진보도 신자유주의라는 추상적 개념에 숨어서 현실을 관념에 가둬서는 안 된다. 좋은 시장도 있고 나쁜 시장도 있다. 어떻게 시장과 경쟁을 진보로 재구성하느냐가 중요하다. 노 전 대통령이 '권력이 시장으로 넘어갔다'고 말한 것은 시장에 대한 원칙을 포기하겠다는 뜻이 아니었다. 권위주의가 후퇴하면서 그 빈 공간에 시장과 언론이 연합해 점령했다. 이제 언론은 시장의 정당성을 뒷받침하고 시장은 그런 언론의 물적 기반을 제공하고 있다. 이를 '권력이 시장으로 넘어갔다'고 표현한 것이다. 공동체의 힘으로 좋은 시장, 좋은 경쟁으로 경제 권력을 재구조화하는 것이 대통령의 생각이었다고 본다.

너무 이상주의적인 발상 같다. 사상가라면 몰라도 현실 변화의 책임을 진 정치인 아닌가.

현실을 너무 고려하지 않았다는 지적인데, 어떤 수단을 통해 가치·꿈·이상에 도달할 것인가는 정치적 선택의 문제로 봐야 할 듯하다. 현실 권력을 이용해 타협하면서 갈 것이냐, 어렵더라도 원칙대로 갈 것이냐, 그건 정치적 선택의 문제다. 끊임없이 주변에서 긴 칼로 자신을 위협할 때 대통령은 자신이 갖고 있는 작은 칼을 버렸다. 내가 먼저 버리는 것이 도덕적·현실적으로 더욱 강해지는 것이라 생각한 것이다.

미완의 노무현 저서는 앞으로 어떻게 되나.

노 전 대통령이 직접 기록한 목차와 메모들이 남아 있다. 가령 '역사적으로 진보의 시대를 설명하고 1970년대 이후 보수의 시대에 대해서도 설명' '진보의 시대, 보수의 시대 각각의 주요 정책' '보수의 시대의 결과: 감세정책, 양극화와 복지 축소, 일자리 대책, 규제 완화와 금융시스템 붕괴' '논의되고 있는 진보의 대안과 전략: 양극화 원인에 대한 인식' '교육과 시장에서의 경쟁' '자원과 환경, 생태' '비판적으로 검토되어야 할 개념들: 성장과 복지, 신자유주의' '대립과 투쟁의 본질' '진보·민주주의·자유주의·신자유주의의 관계' '한국의 진보주의 역사' '김대중·노무현 정부는 진보 정권이었나' 등이다.

출판은 유족이 결정할 문제인 것 같다. 나는 대통령이 연구 작업을 중단한 뒤 개인 저서를 준비해왔다. 아무래도 참여정부와 대통령의 문제의식이 반영될 텐데 대통령에게 헌정하는 책이 될 것이다.